EDLE NASCHEREIEN

SELBST HERSTELLEN

YASMIN OTHMAN

EDLE NASCHEREIEN

SELBST HERSTELLEN

BONBONS, FRUCHTGUMMIS, LOLLIS,
TOFFEES, KARAMELL, PRALINEN UND VIELES MEHR

DK

Inhalt

Zutaten

1 *Puderzucker*
Sehr fein gemahlener raffinierter Zucker, perfekt als einfache Dekoration oder für die Zubereitung von Tortenguss.

2 *Haushaltszucker*
Feiner raffinierter Kristallzucker, verwendet u. a. für die Zubereitung von Kuchen- und Baisermassen.

3 *Feiner brauner Zucker*
Nicht raffinierter, sehr feiner Rohzucker, für die Zubereitung von Keksen, Kuchen etc.

4 *Kristallzucker*
In verschiedenen Körnergrößen erhältlich. Verwendung z. B. für die Zubereitung verschiedener Süßwaren und Sirupe.

5 *Roh-Rohrzucker*
Produkt aus Zuckerrohrsirup. Dank seiner weichen Konsistenz gut für die Zubereitung von Toffees geeignet.

6 *Muscovadozucker*
Dunkelbrauner Roh-Rohrzucker, nicht raffiniert. Lakritzaroma wegen des hohen Melassegehalts, verleiht kräftigen Geschmack.

⁎ **7** ***Demerara-Zucker***
Hellbrauner Rohrzucker mit festen Kristallen. Wird für die Zubereitung von Muffins und anderen Backwaren verwendet.
⁎ ***Heller Zuckerrohrsirup***
Dickflüssiger, bernsteinfarbener und geschmacksintensiver Sirup, gewonnen bei der Raffination von Zuckerrohr- oder Zuckerrübensaft.

⁎ **8** ***Extrakte und Aromen***

⁎ **9** ***Speisefarben***

⁎ **10** ***Pektinpulver (Bio-Supermarkt)***

⁎ **11** ***Glukosesirup (Fachhandel)***

⁎ **12** ***Gelatinepulver***

⁎ **13** ***Vanilleschoten***

⁎ **14** ***Zartbitterkuvertüre***

⁎ **15** ***Vollmilchkuvertüre***

⁎ **16** ***Weiße Kuvertüre***

⁎ **17** ***Schokoladenkuvertüre mit Erdbeer-Geschmack***

Ausstattung

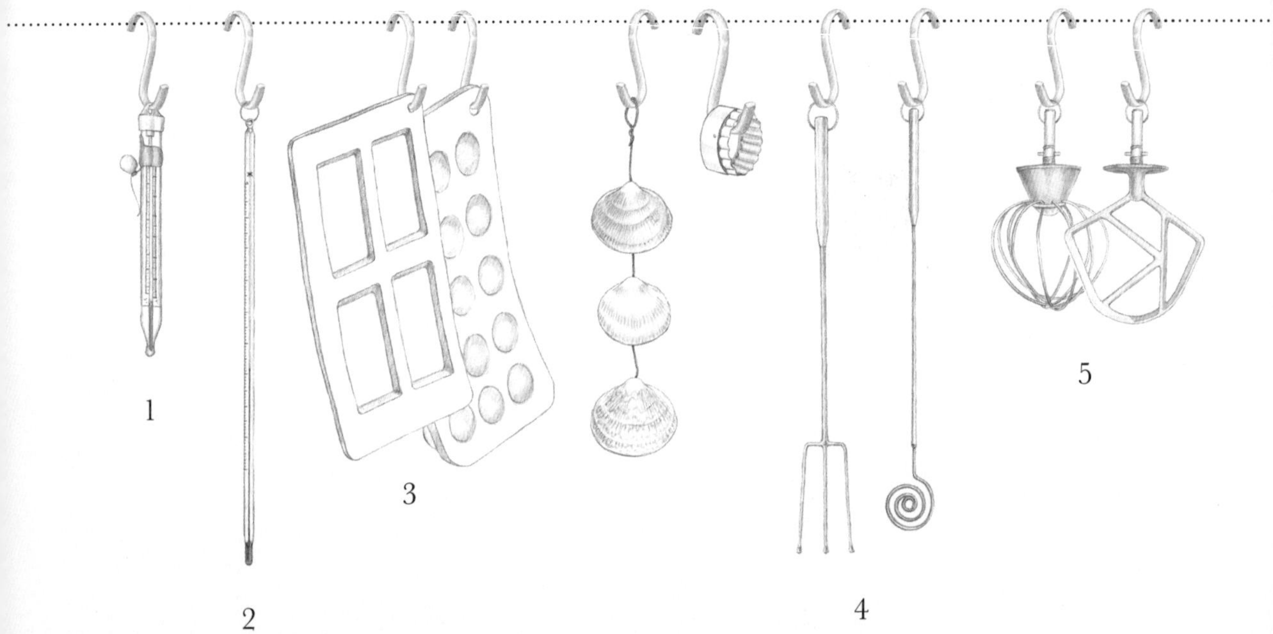

1 ***Zuckerthermometer***
Unerlässlich für die Zubereitung von Bonbons, Konfitüre, Karamell etc., da sich die Temperatur des kochenden Sirups darauf genau ablesen lässt.
Es sind sowohl digitale Modelle als auch solche mit klassischer Ausdehnungsanzeige erhältlich.

2 ***Schokoladenthermometer***
Zum Überwachen der Temperatur beim Erwärmen von Schokolade und somit ein Muss für die Arbeit mit Schokolade.

Töpfe mit dickem Boden
Um Zucker bei hohen Temperaturen und über einen längeren Zeitraum kochen zu können, werden Töpfe mit dickem Boden benötigt.

3 ***Formen für Bonbons und Schokolade***
Es sind Formen aus unterschiedlichem Material erhältlich: Kunststoff, Silikon und Polykarbonat. Formen für die Zubereitung von Süßwaren aus gekochtem Zucker müssen sehr hohen Temperaturen standhalten können.

4 ***Pralinentauchgabel***
Mithilfe dieser speziellen Gabeln lassen sich Pralinen, Trüffel und Co. leicht mit Schokolade überziehen.

5 ***Standküchenmaschine***
Sie erleichtert die Zubereitung von Rezepten, bei denen ein feiner Strahl heißen Sirups unter Rühren zu einer Masse hinzugefügt werden muss, also z. B. Marshmallows, italienische Baisermassen etc.

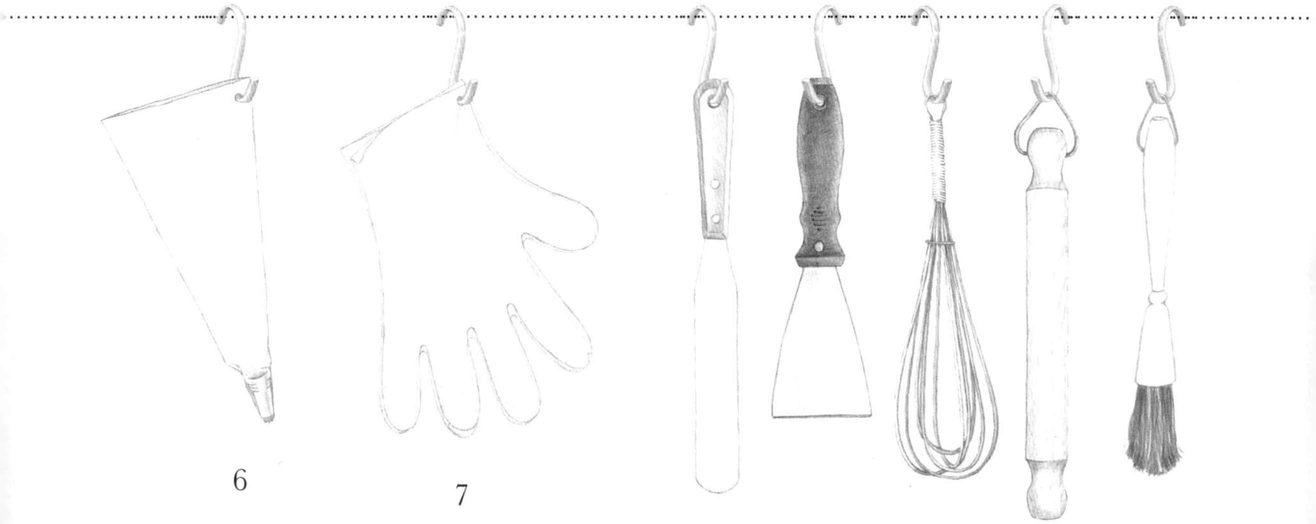

*** *Arbeitsplatte aus Marmor***
Eine solche Arbeitsplatte ist für die Arbeit mit heißem Zuckersirup und das Tablieren beim Temperieren von Schokolade (siehe Seite 126) besonders gut geeignet.

*** *Schüsseln und andere Gefäße***
Möglichst temperaturbeständige Schüsseln verwenden, in die sowohl geschmolzene und heiße als auch eiskalte Zubereitungen gefüllt werden können.

*** 6 *Einmal-Spritzbeutel***
In den meisten Fällen wird für die praktischen Einmal-Spritzbeutel keine Tülle benötigt: Es reicht schon, die Spitze des Beutels abzuschneiden, um eine Öffnung der gewünschten Größe zu erhalten.

*** 7 *Latexhandschuhe***
Vor allem bei der Zubereitung von gezogenem Zucker sollten Latexhandschuhe getragen werden, um die Hände vor dem heißen Zucker zu schützen.

*** 8 *Küchenhelfer***
Außerdem sollten immer bereitliegen: Holzkochlöffel, Metalllöffel, Spachtel und Paletten, Metallschaber, Schneebesen, Rollholz, Backformen und -matten, Küchenwaage, Schere und Backpapier.

Bonbons & weitere Süßigkeiten aus gekochtem Zucker

Zuckerkochgrad: Starker Bruch

149–154°C

1 Zucker und Wasser zusammen in einen Topf mit dickem Boden geben.

2 Die Mischung erhitzen, bis sich der Zucker vollständig aufgelöst hat.

3 Ein Zuckerthermometer in den Topf stellen und den Sirup zum Kochen bringen.

4 Um zu verhindern, dass der Sirup auskristallisiert, die Innenseiten des Topfes regelmäßig mithilfe eines sauberen Kochpinsels mit klarem Wasser abwischen.

5 Wenn der Sirup eine Temperatur von 149–154°C hat, ist der Zuckerkochgrad »Starker Bruch« erreicht.

6 Zum Prüfen des Zuckerkochgrads ein klein wenig Sirup in eiskaltes Wasser geben. Der Sirup sollte sofort ein breites, hartes aber brüchiges Band bilden.

1

2

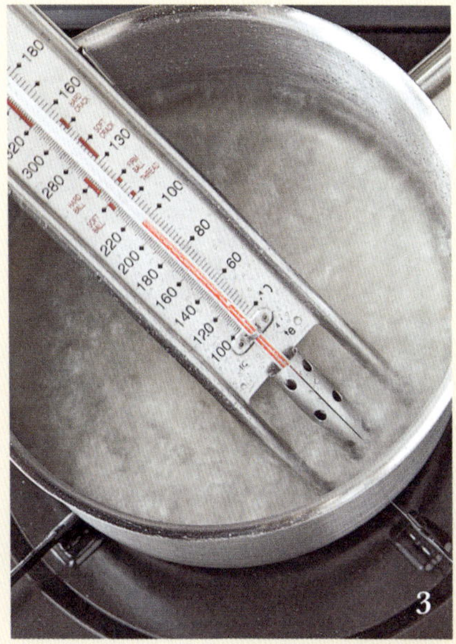
3

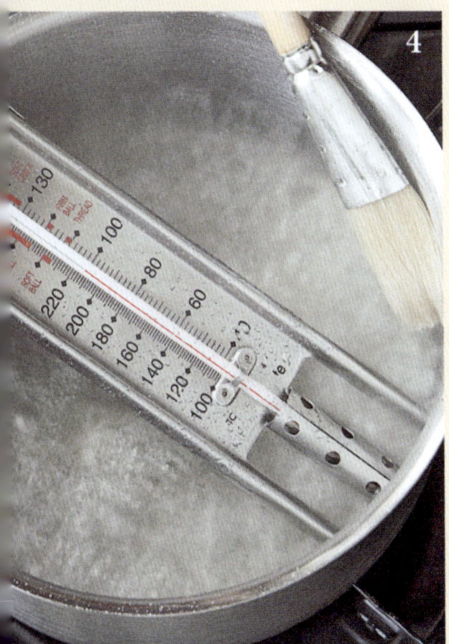
4

5

6

Bonbons aus gekochtem Zucker

Saurer Apfel, Walderdbeeren, Ananas

Vorbereitung: 10 Minuten
Kochzeit: 50–60 Minuten • Ruhezeit: 20–30 Minuten
Ergibt 45–50 Bonbons

400 g Kristallzucker
140 g Glukosesirup
2 TL Zitronensäure (optional)
etwas Speisefarbenpaste oder -gel (grün, rot, gelb)
je 1–2 TL Speisearoma (Apfel, Erdbeere, Ananas)
neutrales Pflanzenöl, für die Arbeitsfläche
Puderzucker, zum Bestäuben

AUSSTATTUNG:

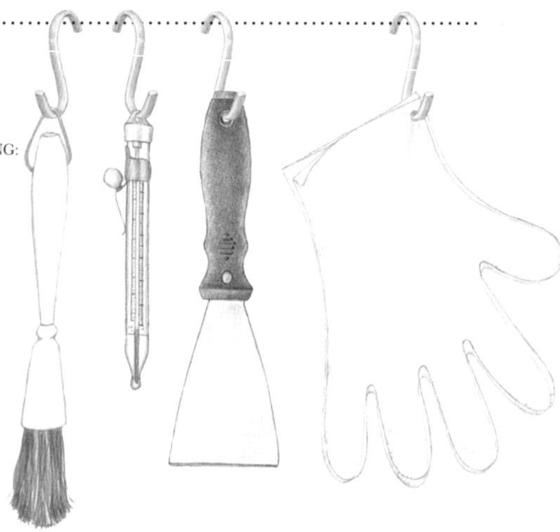

* Zucker und Glukosesirup mit 250 ml Wasser in einem Topf mit dickem Boden bei mittlerer Hitze unter Rühren erhitzen, bis sich der Zucker vollständig aufgelöst hat.

* Das Zuckerthermometer in den Topf stellen und den Sirup zum Kochen bringen. Damit er nicht auskristallisiert, die Innenseiten des Topfes mithilfe eines sauberen Kochpinsels regelmäßig mit klarem Wasser abwischen. Den Sirup in etwa 45–50 Minuten auf 149°C erhitzen und kochen, also bis der Zuckerkochgrad »Starker Bruch« erreicht ist.

* Den Topf vom Herd nehmen. Etwa 1 Minute warten, bis der Sirup nicht mehr sprudelnd kocht. Gegebenenfalls die Zitronensäure untermischen. Die Mischung auf drei Schüsseln verteilen und jeweils eine winzige Menge der Speisefarben (am besten mit einem Zahnstocher dosieren) und die entsprechenden Aromen untermischen.

* Etwas abkühlen lassen. Die drei Portionen Zuckersirup nacheinander auf der leicht geölten Marmorarbeitsfläche bearbeiten, d. h. den sich ausbreitenden Sirup mit einem Spachtel oder Schaber aus Metall immer wieder zur Mitte zusammenschieben.

* Diesen Prozess über etwa 5 Minuten wiederholen, bis der Sirup deutlich andickt und weiter abgekühlt ist. Zum Schutz der Hände Latexhandschuhe tragen. Die Zuckermassen getrennt auseinanderziehen, sodass drei etwa 30 cm lange Bänder entstehen. Wird die Masse zu schnell hart, kann sie mit einem Föhn aufgewärmt werden.

* Die Bänder in etwa 1 cm große Stücke schneiden. 20–30 Minuten vollständig abkühlen lassen.

* Abschließend mit Puderzucker bestäuben. Luftdicht verpackt sind die Bonbons an einem kühlen, trockenen Ort bis zu 4 Wochen haltbar.

Cassis-Lollis

Vorbereitung: 10 Minuten
Kochzeit: 50–60 Minuten • Ruhezeit: 20–30 Minuten
Ergibt 15 Lollis

Fettspray, für die Formen (optional)
200 g Kristallzucker
150 ml Cassis-Saft
60 g Glukosesirup
Saft von 1 Zitrone
ein wenig Speisefarbe (lila)

AUSSTATTUNG:

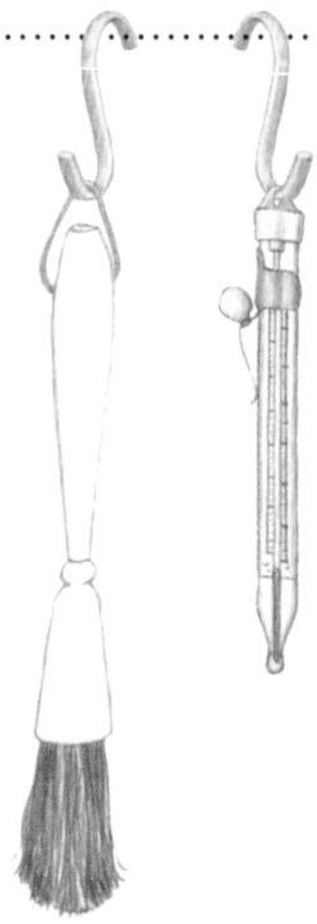

• Ein Backblech mit Backpapier auslegen. Alternativ spezielle Lolli-Formen leicht mit Fettspray fetten und die Lolli-Stiele hineinlegen.

• Zucker, Cassis-Saft, Glukosesirup und Zitronensaft zusammen in einem Topf mit dickem Boden mäßig erhitzen, bis sich der Zucker vollständig aufgelöst hat.

• Das Zuckerthermometer in den Topf stellen und den Sirup zum Kochen bringen. Damit er nicht auskristallisiert, die Innenseiten des Topfes mit einem sauberen Kochpinsel regelmäßig mit klarem Wasser abwischen. Den Sirup in 45–50 Minuten auf 149°C erhitzen und kochen, also bis der Zuckerkochgrad »Starker Bruch« erreicht ist.

• Den Topf vom Herd nehmen. Etwa 1 Minute warten, bis der Sirup nicht mehr sprudelnd kocht. Die Speisefarbe untermischen.

• Den bunten Sirup vorsichtig in eine hitzebeständige Kanne füllen. Behutsam 15 Portionen auf das vorbereitete Blech gießen, sodass kleine Scheiben entstehen. Jeweils einen Stiel hineinlegen. Wird eine spezielle Lolli-Form verwendet, den Sirup vorsichtig in die Vertiefungen gießen, sodass die Stiele bedeckt werden. 20–30 Minuten abkühlen lassen.

• Wenn die Lollis fest geworden sind, können sie vom Backpapier bzw. aus den Formen gelöst und in Zellophan gewickelt werden. Luftdicht verpackt sind sie an einem kühlen, trockenen Ort bis zu 4 Wochen haltbar.

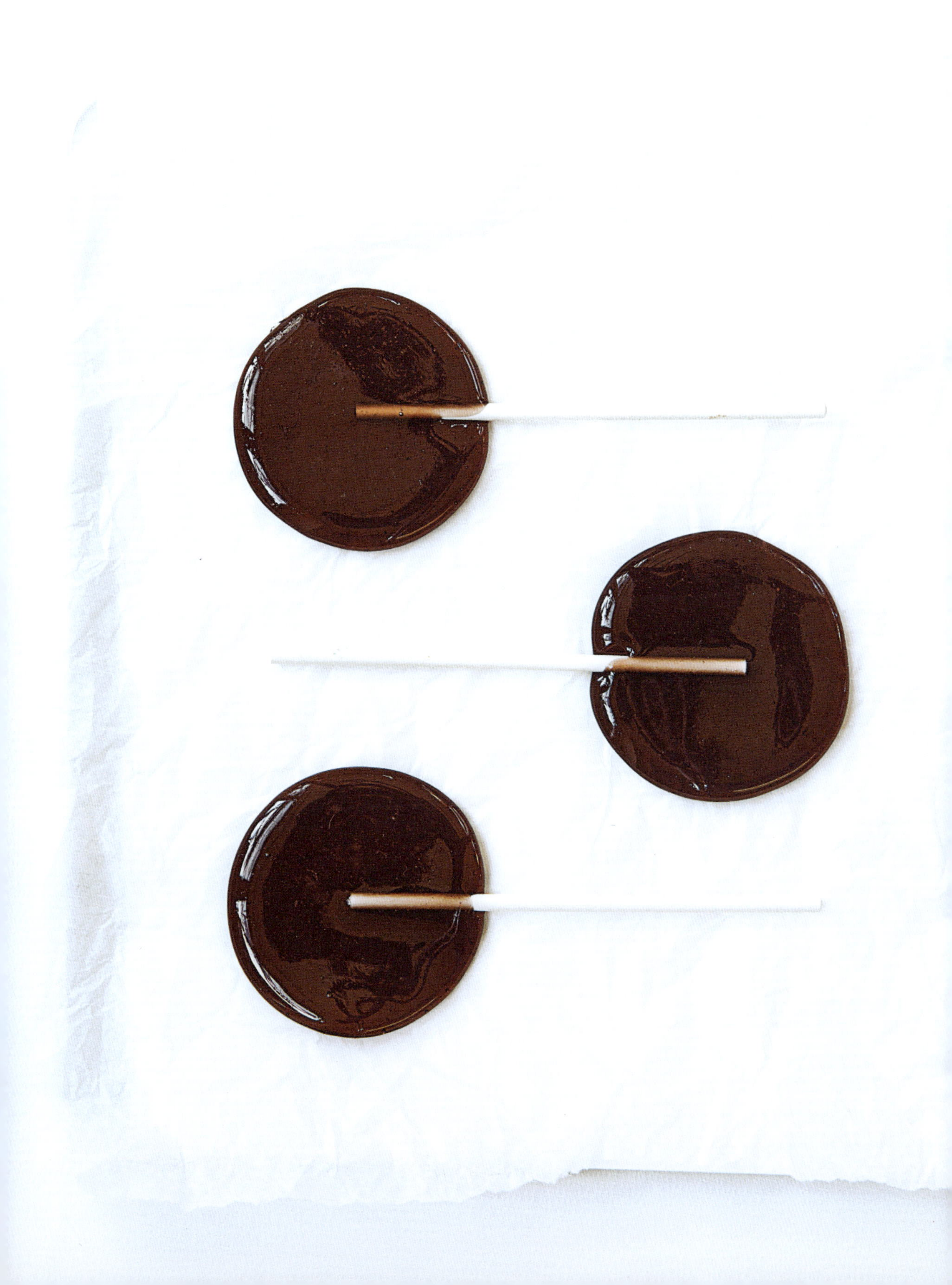

Bêtises de Cambrai

Karamellbonbons mit Minze

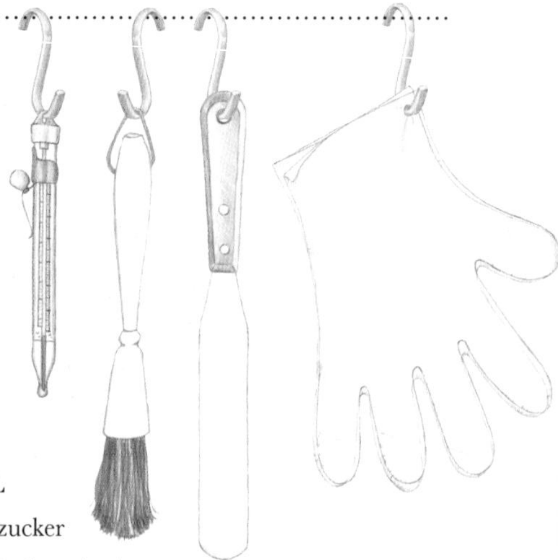

Vorbereitung: 10 Minuten
Kochzeit: 1 Stunde • Ruhezeit: 1 Stunde
Ergibt 300 g

200 g Kristallzucker
70 g Glukosesirup
½ TL Natron
1 TL Minzaroma
neutrales Pflanzenöl, für die Arbeitsfläche

AUSSTATTUNG:

KARAMELL
100 g Kristallzucker
40 ml heller Zuckerrohrsirup

- Zucker und Glukosesirup mit 125 ml Wasser in einem Topf mit dickem Boden mäßig erhitzen, bis sich der Zucker vollständig aufgelöst hat. Zum Kochen bringen und das Zuckerthermometer hineinstellen. Damit der Sirup nicht auskristallisiert, die Innenseiten des Topfes mit einem sauberen Kochpinsel regelmäßig mit klarem Wasser abwischen. Den Sirup ohne zu rühren in 45–50 Minuten auf 149 °C erhitzen und kochen, also bis der Zuckerkochgrad »Starker Bruch« erreicht ist.

- Den Topf vom Herd nehmen. Natron und Minzaroma untermischen.

- Den Sirup auf die leicht gefettete Marmorarbeitsfläche gießen und mit einem ebenfalls gefetteten Metallschaber etwa 5 Minuten lang bearbeiten: Den sich ausbreitenden Sirup immer wieder vom Rand her zur Mitte schieben, bis er andickt und etwas abgekühlt ist.

- Den angedickten Sirup sofort zu einer Rolle mit etwa 1,5 cm Durchmesser formen und diese in gleichmäßige Stücke schneiden. Etwa 30 Minuten abkühlen lassen.

- Den Karamell vorbereiten: Zucker und hellen Zuckerrohrsirup mit 30 ml Wasser in einem Topf mit dickem Boden 5–8 Minuten auf 160 °C erhitzen und sanft kochen.

- Sobald der Karamell so weit ist, den Topf vom Herd nehmen und in ein kaltes Wasserbad stellen, um den Kochprozess zu stoppen. Die Masse auf die leicht gefettete Marmorarbeitsfläche geben. Leicht abkühlen lassen. Sobald er angefasst werden kann, ohne dass man sich verbrennt, lange Fäden aus dem Karamell ziehen und sofort um die Bonbons wickeln.

- Vollständig abkühlen lassen (das dauert etwa 30 Minuten). Die Bonbons nach Belieben einzeln verpacken. An einem kühlen, trockenen Ort sind sie luftdicht verpackt bis zu 4 Wochen haltbar.

Schleckmuscheln

Vorbereitung: 10 Minuten
Kochzeit: 50–60 Minuten • Ruhezeit: 30 Minuten
Ergibt 10-20 Schleckmuscheln

200 g Kristallzucker
70 g Glukosesirup
1 TL Vanilleextrakt
20 g weiche Butter
Speisefarbenpaste oder -gel, in verschiedenen Farben

AUSSTATTUNG:

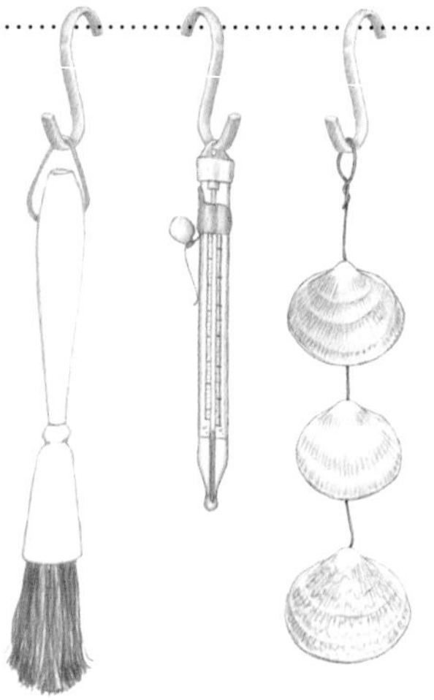

- 10–20 sehr saubere und trockene Muschelhälften auf der Arbeitsfläche bereitlegen. Alternativ hitzebeständige bunte Muschelhälften aus Kunststoff verwenden.

- Zucker und Glukosesirup mit 125 ml Wasser in einem Topf mit dickem Boden unter gelegentlichem Rühren mäßig erhitzen, bis sich der Zucker vollständig aufgelöst hat.

- Das Zuckerthermometer in den Topf stellen und den Sirup zum Kochen bringen. Damit der Sirup nicht auskristallisiert, die Innenseiten des Topfes mit einem sauberen Kochpinsel regelmäßig mit klarem Wasser abwischen. Den Sirup in 45–50 Minuten ohne zu rühren auf 149°C erhitzen und kochen, also bis der Zuckerkochgrad »Starker Bruch« erreicht ist.

- Den Topf vom Herd nehmen. Etwa 1 Minute warten, bis der Sirup nicht mehr sprudelnd kocht. Vanilleextrakt und Butter sorgfältig untermischen.

- Den Sirup gleichmäßig auf drei hitzebeständige Kännchen verteilen und jeweils eine kleine Menge unterschiedlicher Speisefarben untermischen (am besten mit einem Zahnstocher dosieren).

- Den bunten Sirup in die Muschelhälften füllen. Etwa 30 Minuten vollständig abkühlen lassen. Die Schleckmuscheln luftdicht verpacken, sobald der Sirup fest geworden ist. An einem kühlen, trockenen Ort sind sie so bis zu 4 Wochen haltbar.

Kaffee-Bonbons

Zubereitung: 10 Minuten
Kochzeit: 50–60 Minuten • Ruhezeit: 30 Minuten
Ergibt 100 Bonbons

Fettspray, für die Form
200 g Kristallzucker
70 g Glukosesirup
2 TL Kaffee-Extrakt

AUSSTATTUNG:

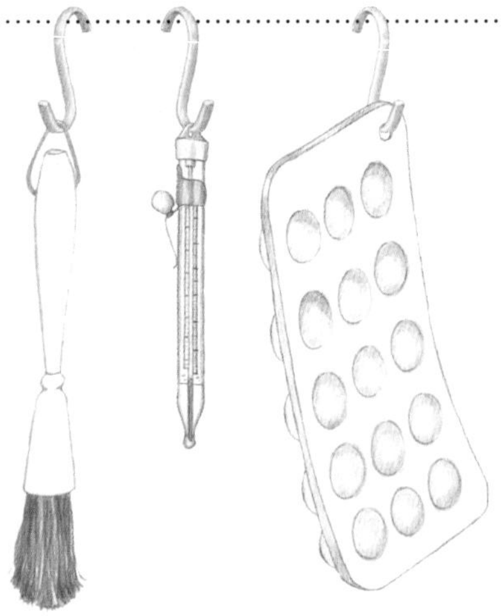

⁕ Eine Kaffeebohnenform leicht mit Fettspray fetten.

⁕ Zucker und Glukosesirup mit 125 ml Wasser in einem Topf mit dickem Boden unter Rühren mäßig erhitzen, bis sich der Zucker vollständig aufgelöst hat.

⁕ Das Zuckerthermometer in den Topf stellen und den Sirup zum Kochen bringen. Damit der Sirup nicht auskristallisiert, die Innenseiten des Topfes mit einem sauberen Kochpinsel regelmäßig mit klarem Wasser abwischen. Den Sirup ohne zu rühren in 45–50 Minuten auf 149°C erhitzen und kochen, also bis der Zuckerkochgrad »Starker Bruch« erreicht ist.

⁕ Den Topf vom Herd nehmen. Etwa 1 Minute ruhen lassen, bis der Sirup nicht mehr sprudelnd kocht. Das Kaffee-Extrakt untermischen.

⁕ Den Sirup in eine hitzebeständige Kanne geben und dann vorsichtig in die Vertiefungen der Kaffeebohnenform füllen. Vollständig abkühlen lassen (das dauert etwa 30 Minuten).

⁕ Die fertigen Kaffee-Bonbons sind in einem luftdicht verschlossenen Gefäß an einem kühlen, trockenen Ort bis zu 4 Wochen haltbar.

Mandarinen-Lollis

mit saurem Pulver

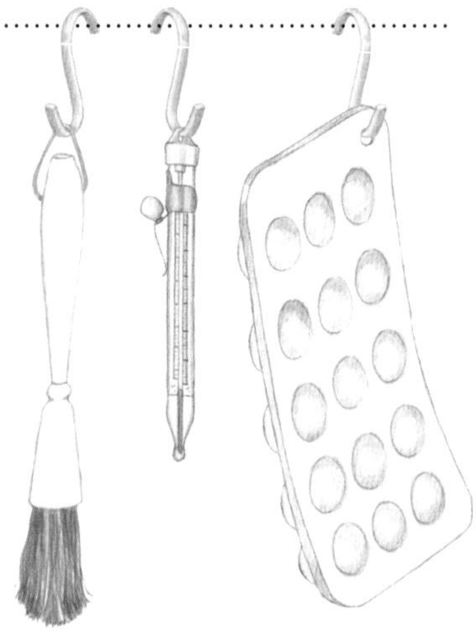

Vorbereitung: 10 Minuten
Kochzeit: 50–60 Minuten • Ruhezeit: 40 Minuten
Ergibt 15-20 Lollis

Fettspray, für die Form
200 g Kristallzucker
70 ml heller Zuckerrohrsirup
Saft von 1 Zitrone
½ TL Mandarinenaroma
ein wenig Speisefarbenpaste oder -gel (orange)

AUSSTATTUNG:

SAURES PULVER
20 g Puderzucker
1 TL Natron
1 TL Zitronensäure
3 Tütchen Brausepulver

- 15–20 Mini-Herzformen (oder andere Formen nach Belieben) leicht mit Fettspray fetten.

- Zucker, hellen Zuckerrohrsirup und Zitronensaft mit 125 ml Wasser in einem Topf mit dickem Boden unter Rühren mäßig erhitzen, bis sich der Zucker vollständig aufgelöst hat.

- Damit der Sirup nicht auskristallisiert, die Innenseiten des Topfes mit einem sauberen Kochpinsel regelmäßig mit klarem Wasser abwischen. Den Sirup ohne zu rühren in 45–50 Minuten auf 149°C erhitzen und kochen, also bis der Zuckerkochgrad »Starker Bruch« erreicht ist.

- DenTopf vom Herd nehmen. Etwa 1 Minute ruhen lassen, bis der Sirup nicht mehr sprudelnd kocht. Dann Mandarinenaroma und ein klein wenig Speisefarbe (am besten dosiert mit einem Zahnstocher) untermischen.

- Den Sirup in eine hitzebeständige Kanne füllen und in die Formen gießen, sodass die Vertiefungen bis zum Rand gefüllt sind. Etwa 10 Minuten abkühlen lassen, dann jeweils einen Lolli-Stiel in die Mitte stecken.

- Vollständig abkühlen lassen (das dauert etwa 30 Minuten). Die Lollis aus den Formen lösen, sobald der Sirup vollständig fest geworden ist. In einem luftdicht verschlossenen Gefäß sind sie an einem kühlen, trockenen Ort bis zu 4 Wochen haltbar.

SAURES PULVER

- Puderzucker, Natron, Zitronensäure und das Brausepulver mischen. Diese Mischung zu den Lollis servieren. Reste in einem luftdicht verschlossenen Gefäß an einem kühlen, trockenen Ort aufbewahren.

Knuspriger Karamell

Vorbereitung: 10 Minuten • Kochzeit: 12–15 Minuten
Ruhezeit: 30 Minuten + 1 Stunde für die Schokolade (optional)
Ergibt 250 g

neutrales Pflanzenöl, zum Fetten
200 g Kristallzucker
5 EL heller Zuckerrohrsirup
2 TL Natron
100 g Vollmilch- oder Zartbitterkuvertüre, geschmolzen und temperiert (siehe Seite 126–129), nach Belieben

- Ein quadratisches Backblech à 20 cm mit Backpapier auslegen. Leicht mit Öl fetten.

- Zucker und hellen Zuckerrohrsirup in einem hohen Topf mit dickem Boden 12–15 Minuten mäßig erhitzen, bis die Mischung eine schöne goldene Farbe hat. Vom Herd nehmen und das Natron untermischen. Dabei wird der Sirup stark aufschäumen.

- Die Masse auf das vorbereitete Blech gießen und etwa 30 Minuten abkühlen lassen. Den Karamell in Stücke brechen, sobald er fest genug ist.

- Um diese köstlichen Karamellhäppchen zu veredeln, werden sie nach Belieben jeweils zur Hälfte in geschmolzene, temperierte Schokolade getaucht. Auf sauberem Backpapier an einem kühlen, trockenen Ort mindestens 1 Stunde fest werden lassen. In einem luftdicht verschlossenen Gefäß ist der knusprige Karamell kühl und trocken gelagert bis zu 2 Wochen haltbar.

Zuckerwatte

Vorbereitung: 10 Minuten
Kochzeit: 50–60 Minuten • Ruhezeit: 5–10 Minuten
Ergibt 4 große oder 8 kleine Portionen Zuckerwatte

400 g Kristallzucker
125 g Glukosesirup
2 TL Vanilleextrakt
etwas Speisefarbenpaste oder -gel, nach Belieben

AUSSTATTUNG:

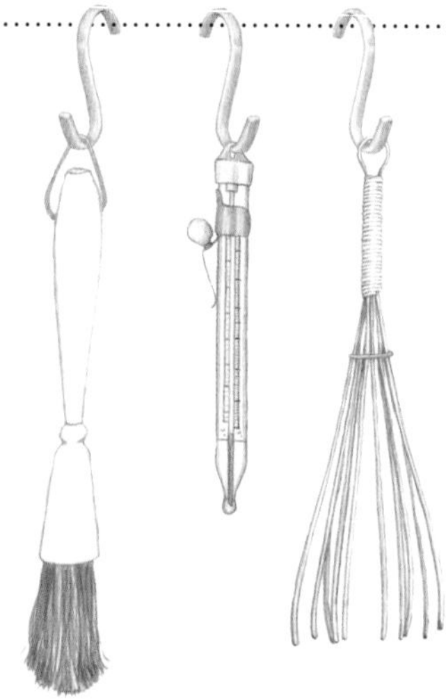

• Für dieses Rezept benötigen Sie einen Schneebesen, der so aussieht wie eine Art Reisigbesen aus Metall.

• Zucker und Glukosesirup mit 125 ml Wasser in einem Topf mit dickem Boden mäßig erhitzen, bis sich der Zucker aufgelöst hat. Das Zuckerthermometer in den Topf stellen und den Sirup zum Kochen bringen. Damit er nicht auskristallisiert, die Innenseiten des Topfes mit einem sauberen Kochpinsel regelmäßig mit klarem Wasser abwischen. Den Sirup ohne zu rühren in 45–50 Minuten auf 149°C erhitzen und kochen, also bis der Zuckerkochgrad »Starker Bruch« erreicht ist.

• Den Topf vom Herd nehmen. Etwa 1 Minute ruhen lassen, bis der Sirup nicht mehr sprudelnd kocht. Dann Vanilleextrakt und ein klein wenig Speisefarbe (am besten dosiert mit einem Zahnstocher) untermischen.

• Die Arbeitsfläche mit Backpapier auslegen und den Fußboden rundherum zum Schutz vor Siruppritzern mit alten Zeitungen abdecken.

• Sobald der Sirup lauwarm und leicht angedickt ist, die Spitzen des Schneebesens hineintauchen. Leicht abtropfen lassen. Den Schneebesen dann senkrecht über die Arbeitsfläche halten und schnell von einer Seite zur anderen bewegen, sodass der Zuckersirup in feinen Fäden auf das Backpapier fällt.

• Fortfahren, bis ausreichend Zuckerfäden gesammelt sind, um sie mit beiden Händen zu einem lockeren Ball von 8–10 cm Durchmesser zusammenfassen zu können. Vorsichtig einen Ball daraus formen. Einen Stiel in die Mitte stecken und das Ganze für weitere Portionen wiederholen. Die Zuckerwatte sofort genießen.

2

Toffees

Zuckerkochgrad: Schwacher Bruch

132–143°C

1 Zucker und Wasser zusammen in einen Topf mit dickem Boden geben.

2 Erhitzen, bis sich der Zucker vollständig aufgelöst hat.

3 Das Zuckerthermometer in den Topf stellen und den Sirup zum Kochen bringen.

4 Damit der Sirup nicht auskristallisiert, die Innenwände des Topfes regelmäßig mithilfe eines sauberen Backpinsels mit klarem Wasser abwischen.

5 Wenn der Sirup eine Temperatur von 132–143°C erreicht hat, spricht man vom Zuckerkochgrad »Schwacher Bruch«.

6 Zum Prüfen des Zuckerkochgrads ein klein wenig Sirup in eiskaltes Wasser geben. Der Sirup sollte unverzüglich hart werden und dünne Bänder bilden, die brechen, wenn man versucht, sie zu biegen.

1

2

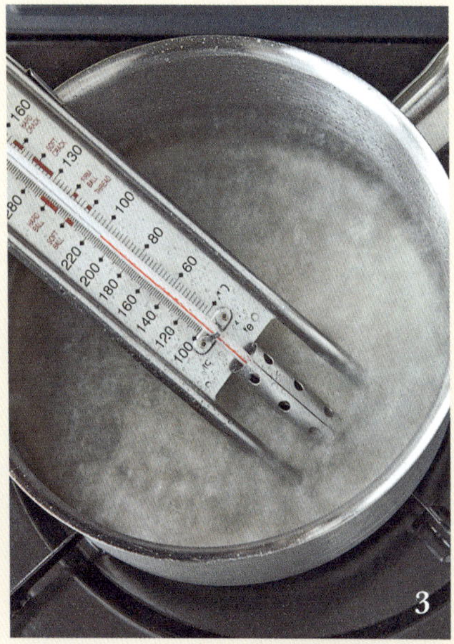
160
130
100
80
60
220
200
180
160
140
120
100
3

4

130
100
80
60
220
200
180
160
140
120
100
5

6

Klassische Toffees

Vorbereitung: 10 Minuten
Kochzeit: 35–40 Minuten • Ruhezeit: 35 Minuten
Ergibt 300 g

250 g Roh-Rohrzucker
70 ml heller Zuckerrohrsirup
25 g Butter
1 TL Vanilleextrakt
¼ TL Natron

AUSSTATTUNG:

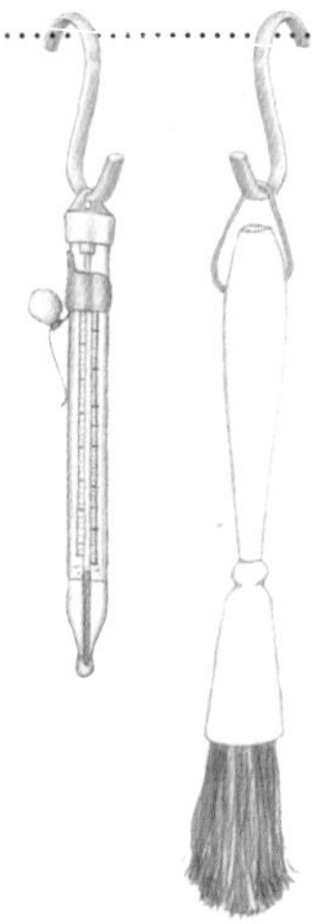

- Ein Backblech mit Backpapier auslegen.

- Roh-Rohrzucker, hellen Zuckerrohrsirup, Butter und Vanilleextrakt in einem Topf mit dickem Boden unter Rühren mäßig erhitzen, bis sich der Zucker aufgelöst hat. Das Zuckerthermometer in den Topf stellen und den Sirup zum Kochen bringen. Ohne zu rühren in etwa 30 Minuten auf 138°C erhitzen und kochen, also bis der Zuckerkochgrad »Schwacher Bruch« erreicht ist.

- Vom Herd nehmen und das Natron untermischen. Die Masse auf das vorbereitete Backblech gießen.

- Etwa 5 Minuten abkühlen lassen. Mit der Messerspitze Linien oder Rechtecke in der Masse markieren, entlang derer sich der Karamell später leicht brechen lässt. Etwa 30 Minuten ruhen lassen, bis das Ganze vollständig fest geworden ist.

- Abschließend entlang der markierten Linien in Stücke brechen. In einem luftdicht verschlossenen Gefäß sind die Toffees an einem kühlen, trockenen Ort bis zu 3 Wochen haltbar.

Toffees mit Kokosmilch

& Muscovadozucker

Vorbereitung: 10 Minuten
Kochzeit: 35–40 Minuten • Ruhezeit: 35 Minuten
Ergibt 50 Toffees

300 g Muscovadozucker
4 EL heller Zuckerrohrsirup
50 ml Kokosmilch
50 g Sahne
30 g Butter
1 TL Kokosextrakt
¼ TL Natron

AUSSTATTUNG:

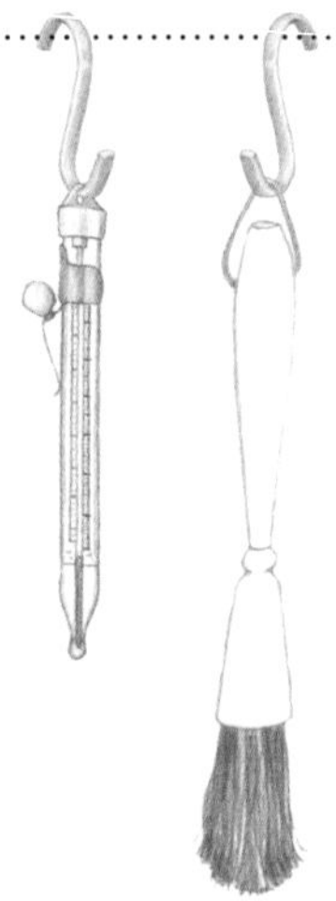

* Ein Backblech mit Backpapier auslegen.

* Zucker, hellen Zuckerrohrsirup, Kokosmilch, Sahne und Butter in einem Topf mit dickem Boden unter Rühren mäßig erhitzen, bis sich der Zucker aufgelöst hat. Das Zuckerthermometer in den Topf stellen und den Sirup zum Kochen bringen. In etwa 30 Minuten auf 138°C erhitzen und kochen, also bis der Zuckerkochgrad »Schwacher Bruch« erreicht ist.

* Vom Herd nehmen. Kokosextrakt und Natron untermischen. Die Masse auf das vorbereitete Backblech gießen.

* Etwa 5 Minuten ruhen lassen. Die Masse, solange sie noch warm und formbar ist, mit der Schere in 1 cm breite Streifen und diese in jeweils 3 cm lange Stücke schneiden. Per Hand zu Rechtecken formen.

* Vollständig abkühlen lassen (das dauert etwa 30 Minuten). Die kalten Toffees individuell in Zellophan wickeln. In einem luftdicht verschlossenen Gefäß sind die Leckereien an einem kühlen, trockenen Ort bis zu 4 Wochen haltbar.

Toffees mit Ahornsirup

& Pekannusskernen

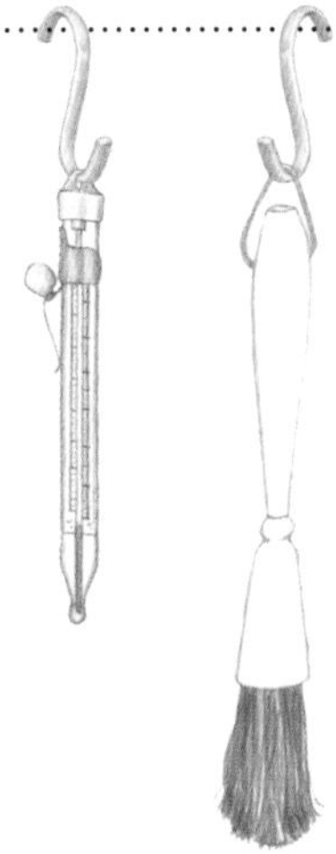

Vorbereitung: 10 Minuten
Kochzeit: 35–40 Minuten • Ruhezeit: 35 Minuten
Ergibt 16–20 Toffees

65 g Pekannusskerne
190 g Roh-Rohrzucker
70 ml heller Zuckerrohrsirup
30 ml Ahornsirup
115 g Butter
1 TL Vanilleextrakt
1 TL Natron

AUSSTATTUNG:

- Eine rechteckige Form à 23 x 16 cm mit Backpapier auslegen. Die Pekannusskerne in einer Bratpfanne ohne Fett leicht anrösten. 5 Minuten abkühlen lassen. Grob hacken.

- Roh-Rohrzucker, hellen Zuckerrohrsirup, Ahornsirup, Butter und Vanilleextrakt in einem Topf mit dickem Boden unter Rühren mäßig erhitzen, bis sich der Zucker vollständig aufgelöst hat. Das Zuckerthermometer in den Topf stellen und den Sirup zum Kochen bringen. In etwa 30 Minuten auf 138°C erhitzen und kochen, also bis der Zuckerkochgrad »Schwacher Bruch« erreicht ist.

- Den Topf sofort vom Herd nehmen, Pekannusskerne und Natron untermischen. Die Masse in die vorbereitete Form gießen.

- Etwa 5 Minuten abkühlen lassen und dann mit der Messerspitze rechteckige Stücke (à 5 x 4 cm) in der Masse markieren. Vollständig abkühlen lassen (das dauert etwa 30 Minuten). Die abgekühlte Tafel entlang der markierten Linien in Stücke brechen.

- Die Toffees einzeln in Backpapier verpacken. In einem luftdicht verschlossenen Gefäß sind sie an einem kühlen, trockenen Ort bis zu 4 Wochen haltbar.

3

Karamell

Zuckerkochgrad: Starker Ballen

121–129°C

1 Zucker und Wasser zusammen in einen Topf mit dickem Boden geben.

2 Erhitzen, bis sich der Zucker vollständig aufgelöst hat.

3 Das Zuckerthermometer in den Topf stellen und den Sirup zum Kochen bringen.

4 Damit der Sirup nicht auskristallisiert, die Innenseiten des Topfes regelmäßig mit einem sauberen Kochpinsel mit klarem Wasser abwischen.

5 Sobald der Sirup eine Temperatur von 121–129°C hat, spricht man vom Zuckerkochgrad »Starker Ballen«.

6 Zum Prüfen des Zuckerkochgrads ein klein wenig Sirup in eiskaltes Wasser tropfen. Sobald er im Wasser ist, sollte der Sirup eine Kugel bilden, die leichtem Druck nachgibt.

1
2
3
4
5
6

Einfache Karamellbonbons

Vorbereitung: 10 Minuten
Kochzeit: 20–30 Minuten • Ruhezeit: 20–30 Minuten
Ergibt 25–30 Bonbons

AUSSTATTUNG:

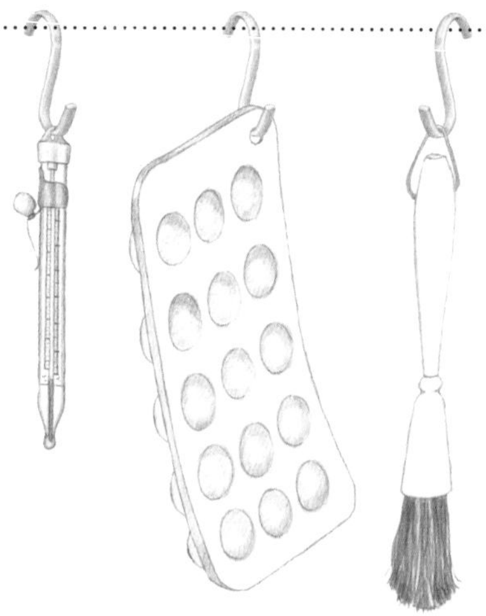

neutrales Pflanzenfett, zum Fetten
250 g Kristallzucker
125 g Sahne
1 EL heller Zuckerrohrsirup
30 g Butter, gewürfelt
1 Vanilleschote, halbiert und das Mark herausgekratzt

- Eine Silikonform leicht fetten oder ein Backblech à 27 x 18 cm mit Backpapier auslegen.

- Zucker, Sahne, hellen Zuckerrohrsirup und Butter in einem Topf mit dickem Boden unter Rühren mäßig erhitzen, bis sich der Zucker vollständig aufgelöst hat. Das Zuckerthermometer in den Topf stellen und die Mischung zum Kochen bringen. Den Sirup in 15–20 Minuten ohne zu rühren auf 125 °C erhitzen und kochen, also bis der Zuckerkochgrad »Starker Ballen« erreicht ist.

- Vom Herd nehmen und das Vanillemark sorgfältig untermischen. Den Karamell in die Vertiefungen in der Form oder auf das vorbereitete Blech gießen.

- Wenn der Karamell fest geworden ist, die Bonbons aus der Form lösen bzw. den Karamell vom Backblech auf ein Schneidebrett stürzen und in quadratische Stücke (à 4 cm) schneiden. Die Karamellbonbons einzeln in Backpapier wickeln. In einem luftdicht verschlossenen Gefäß sind sie an einem kühlen, trockenen Ort bis zu 1 Woche haltbar.

Karamell-Schokoladen-Stäbchen

Vorbereitung: 15 Minuten
Kochzeit: 20–30 Minuten • Ruhezeit: 30–45 Minuten
Ergibt 54 Stäbchen

250 g Kristallzucker
190 g gesüßte Kondensmilch
170 ml heller Zuckerrohrsirup
80 g Butter, gewürfelt
70 g Zartbitterkuvertüre (mind. 70 % Kakaoanteil), fein gehackt

AUSSTATTUNG:

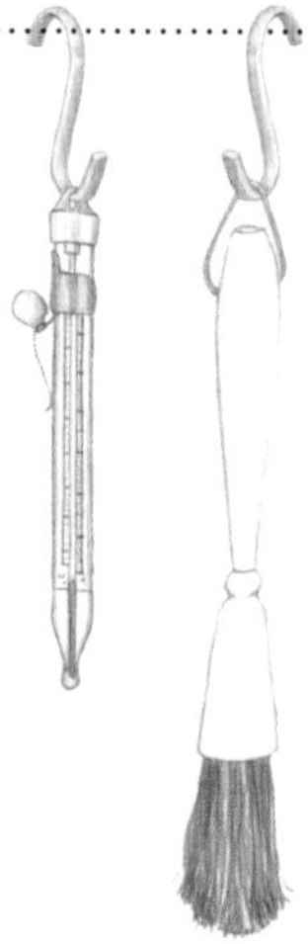

⁕ Ein Backblech à 27 x 18 cm mit Backpapier auslegen.

⁕ Zucker, Kondensmilch, hellen Zuckerrohrsirup und Butter mit 60 ml Wasser in einem Topf mit dickem Boden unter Rühren mäßig erhitzen, bis sich der Zucker aufgelöst hat. Den Sirup zum Kochen bringen und die gehackte Schokolade untermischen. Das Zuckerthermometer in die Mischung stellen. In 15–20 Minuten auf 125 °C erhitzen und kochen, also bis der Zuckerkochgrad »Starker Ballen« erreicht ist.

⁕ Den Topf vom Herd nehmen und die Masse auf das vorbereitete Blech gießen. 30–45 Minuten fest werden lassen.

⁕ Das Ganze, sobald es ausreichend fest geworden ist, vom Blech nehmen und vom Papier lösen. In Stücke à 1 x 9 cm schneiden und sie einzeln in Backpapier wickeln. In einem luftdicht verschlossenen Gefäß sind die Karamell-Schokoladen-Stäbchen an einem kühlen, trockenen Ort bis zu 1 Woche haltbar.

Karamellbonbons

mit Fleur de Sel

Vorbereitung: 10 Minuten
Kochzeit: 20–30 Minuten • Ruhezeit: 30–40 Minuten
Ergibt 60–70 Bonbons (350 g)

250 g Kristallzucker
125 g Sahne
1 EL heller Zuckerrohrsirup
30 g Butter, gewürfelt
2 ½ TL Fleur de Sel
1 Vanilleschote, halbiert und das Mark herausgekratzt

AUSSTATTUNG:

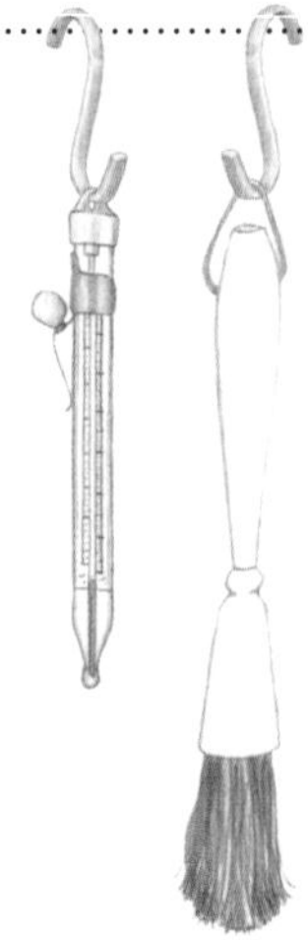

- Eine quadratische Form à 19 cm Seitenlänge mit Backpapier auslegen.

- Zucker, Sahne, hellen Zuckerrohrsirup und Butter in einem Topf mit dickem Boden unter Rühren mäßig erhitzen, bis sich der Zucker vollständig aufgelöst hat. Das Zuckerthermometer hineinstellen und den Sirup in 15–20 Minuten auf 125 °C erhitzen und kochen, also bis der Zuckerkochgrad »Starker Ballen« erreicht ist.

- Den Topf vom Herd nehmen. 1 TL Fleur de Sel und das Vanillemark sorgfältig unter den Karamell rühren.

- Den Karamell in die vorbereitete Form gießen und das restliche Fleur de Sel darüberstreuen. 30–40 Minuten abkühlen lassen.

- Den ausreichend festen Karamell aus der Form und vom Papier lösen und in etwa 2 x 3 cm große Stücke schneiden. Die Karamellbonbons einzeln in Backpapier wickeln. In einem luftdicht verschlossenen Gefäß sind sie an einem kühlen, trockenen Ort bis zu 1 Woche haltbar.

Fondant-Schnecken

mit Fleur de Sel

Vorbereitung: 20 Minuten
Kochzeit: 40–50 Minuten • Ruhezeit: 30–35 Minuten
Ergibt 20 Stück

AUSSTATTUNG:

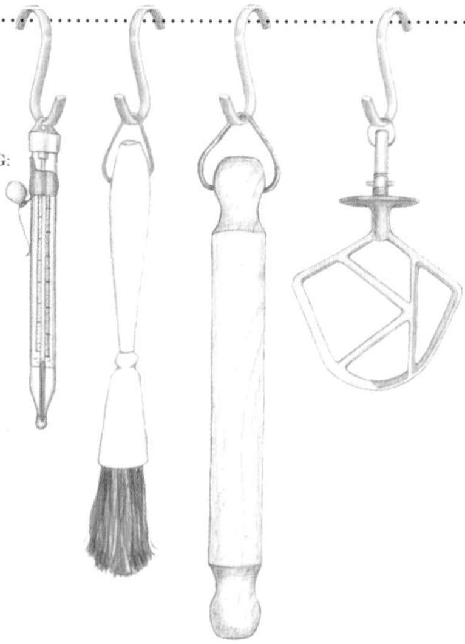

350 g Grundmasse für Karamellbonbons mit Fleur de Sel (Rezept siehe Seite 48)

Puderzucker, zum Bestäuben

250 g klassischer Fondant (Rezept siehe Seite 54)

- Ein Backblech à 30 x 21 cm mit Backpapier auslegen.

- Die Karamellmasse mit Fleur de Sel zubereiten. Die Masse auf das vorbereitete Backblech gießen und 10–15 Minuten ruhen lassen. Der Karamell muss noch formbar sein, damit er zusammen mit dem Fondant aufgerollt werden kann.

- Die Arbeitsfläche mit Puderzucker bestäuben. Den Fondant darauf mit dem Rollholz etwa 5 mm dünn ausrollen. Er sollte etwa die gleiche Fläche haben wie die Karamellmasse auf dem Blech.

- Die Karamellmasse vom Blech lösen und auf frisches Backpapier legen. Den ausgerollten Fondant auf den Karamell legen und leicht andrücken, damit die beiden Schichten aneinanderhaften.

- Fondant und Karamell zusammen aufrollen, so wie bei der Zubereitung einer Biskuitroulade. Damit das funktioniert, müssen beide Massen noch recht weich sein. Um zu harten Karamell wieder formbar zu machen, kann man das Ganze auf einem Backblech für ein paar Minuten in einen warmen Ofen schieben.

- Die fertige Roulade etwa 20 Minuten ruhen lassen. Sobald der Karamell fest ist, das Backpapier lösen und die Roulade in 1–2 cm dicke Scheiben schneiden.

- Die Fondant-Schnecken einzeln in Backpapier wickeln. In einem luftdicht verschlossenen Gefäß sind sie an einem kühlen, trockenen Ort bis zu 2 Wochen haltbar.

4

Fondant & Lakritze

Klassischer Fondant

Ergibt 250 g

1 200 g Kristallzucker zusammen mit 60 ml Wasser und 15 g Glukosesirup in einen Topf mit dickem Boden geben.

2 Unter gelegentlichem Rühren mäßig erhitzen, bis sich der Zucker aufgelöst hat.

3 Das Zuckerthermometer in den Topf stellen und die Mischung bei schwacher Temperatur in etwa 15 Minuten auf 121 °C erhitzen und dabei sirupartig einkochen lassen.

4 Den heißen Sirup in die Schüssel der Standküchenmaschine gießen. 25 g Butter und 1 TL Vanilleextrakt hinzufügen. Mit dem Rührelement auf mittlerer Stufe 2–3 Minuten vermengen, bis der Sirup andickt und eine milchige Farbe bekommt.

5 4 g Maisstärke dazugeben und noch 1 Minute rühren.

6 Die Masse auf der leicht bemehlten Arbeitsfläche etwa 5 Minuten per Hand kneten, bis sie schön glatt ist. Damit nichts an der Arbeitsplatte klebt, nach Bedarf ein klein wenig Maisstärke hinzufügen. Den Fondant bis zur Weiterverarbeitung in Frischhaltefolie wickeln und luftdicht verpacken. So ist er bis zu 2 Wochen haltbar. Dieses Grundrezept wird z. B. bei der Zubereitung von Fondant-Schnecken (siehe Seite 50) verwendet.

1

2

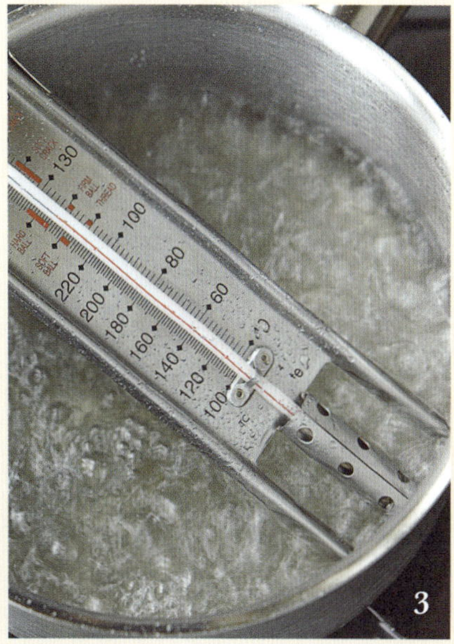
130
100
80
60
220
200
180
160
140
120
100
3

4

5

6

Fondantpralinen

(Fondant ohne Kochen)

Vorbereitung: 20 Minuten
Keine Kochzeit • Ruhezeit: mind. 5 Stunden, am besten über Nacht
Ergibt 350 g

250 g Puderzucker, plus mehr zum Bestäuben
2 EL Sahne
60 g weiche Butter
Speisefarben nach Belieben (je 2 Tropfen)
Speisearomen nach Belieben (je 2 Tropfen)

AUSSTATTUNG:

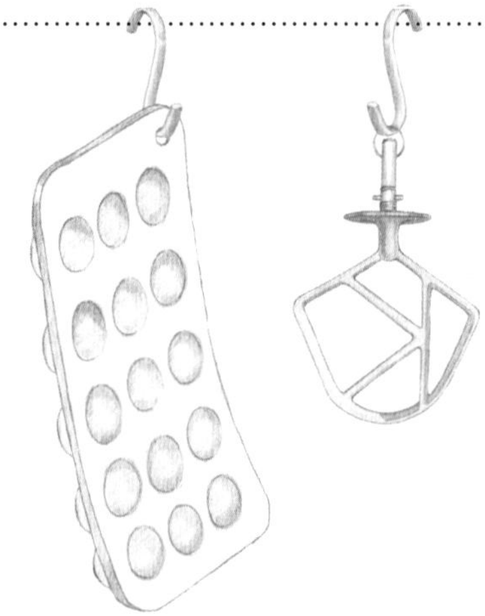

- Ein Backblech mit Backpapier auslegen und eine Silikonform für Pralinen mit Puderzucker bestäuben.

- Die Standküchenmaschine mit dem Rührelement ausstatten. Puderzucker, Sahne und Butter in die Rührschüssel geben. Auf kleiner Stufe 2–3 Minuten vermengen, bis eine weiche, glatte Masse entstanden ist.

- Diese in mehrere Portionen aufteilen, je nachdem, mit wie vielen unterschiedlichen Farben der Fondant gefärbt werden soll. Die entsprechenden Speisefarben und -aromen hinzufügen. Die einzelnen Portionen nacheinander auf der leicht mit Puderzucker bestäubten Arbeitsfläche kneten, bis die Farbe gleichmäßig verteilt und die Masse glatt ist.

- Kleine Kugeln aus dem Fondant formen und in die Vertiefungen der vorbereiteten Silikonform drücken, sodass diese bis zum Rand gefüllt sind. Alternativ kann der Fondant auf der leicht bemehlten Arbeitsfläche etwa 1 cm dick ausgerollt werden. Mit Ausstechförmchen lassen sich dann nach Belieben einzelne Portionen dekorativ herauslösen.

- Den geformten Fondant vorsichtig aus der Silikonform lösen und auf Backpapier legen. Mindestens 5 Stunden trocknen lassen, am besten über Nacht. In einem luftdicht verschlossenen Gefäß sind die Pralinen an einem kühlen, trockenen Ort bis zu 2 Wochen haltbar.

Minze-Blüten

Vorbereitung: 15 Minuten
Keine Kochzeit • Ruhezeit: mind. 3 Stunden, am besten über Nacht
Ergibt 380 g

1 Eiweiß
350 g Puderzucker, gesiebt, plus mehr zum Bestäuben
½ TL Minzeextrakt (Pulver)
Speisefarbe minzgrün (nach Belieben)

AUSSTATTUNG:

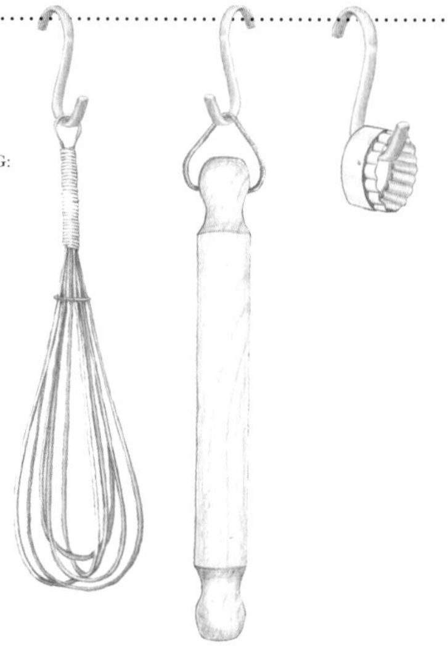

- Ein Backblech mit Backpapier auslegen.

- Das Eiweiß zu lockerem Schnee aufschlagen. Puderzucker und Minzeextrakt zusammen darübersieben und sorgfältig untermischen. Nach Belieben etwas Speisefarbe hinzufügen.

- Die Masse auf der leicht mit Puderzucker bestäubten Arbeitsfläche etwa 5 Minuten glatt kneten. Mit dem Rollholz 1 cm dünn ausrollen. Mit einer runden Ausstechform mit 4 cm Durchmesser und gewelltem Rand die einzelnen Portionen ausstechen.

- Die Minze-Blüten auf das vorbereitete Backblech legen und mindestens 3 Stunden trocknen lassen, am besten über Nacht. In einem luftdicht verschlossenen Gefäß an einem kühlen, trockenen Ort sind diese Leckereien bis zu 2 Wochen haltbar.

Fondantpralinen

mit Irish Coffee & Schokoladenüberzug

Vorbereitung: 20 Minuten
Kochzeit: 15–20 Minuten • Ruhezeit: 3–4 Stunden
Ergibt 35–40 Pralinen

200 g Kristallzucker
15 g Glukosesirup
25 g Butter
1 TL Kaffee-Extrakt
1 EL irischer Sahnelikör
500 g Zartbitterkuvertüre (mind. 70 % Kakaoanteil), temperiert (siehe Seite 126–129)

AUSSTATTUNG:

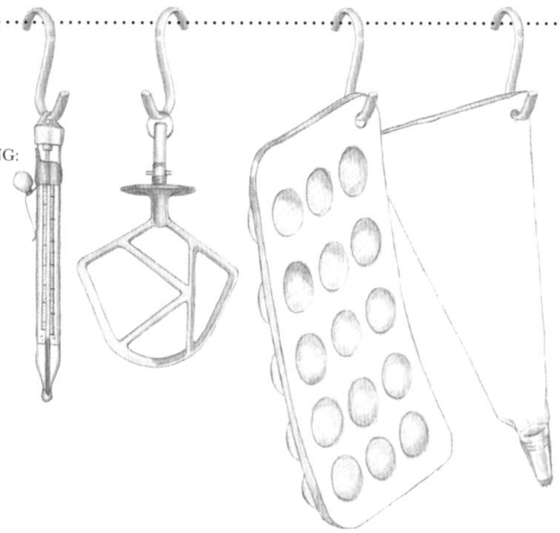

* Zucker und Glukosesirup mit 60 ml Wasser in einem Topf mit dickem Boden unter gelegentlichem Rühren mäßig erhitzen, bis sich der Zucker aufgelöst hat.

* Das Zuckerthermometer in den Topf stellen und die Mischung bei niedriger Temperatur in etwa 15 Minuten auf 121 °C erhitzen und dabei sirupartig einkochen lassen.

* Den Topf vom Herd nehmen. Butter, Kaffee-Extrakt und Sahnelikör sorgfältig untermischen. Die Masse in die Schüssel der Standküchenmaschine geben und mit dem Rührelement 2–3 Minuten auf mittlerer Stufe vermengen, bis die Masse leicht angedickt ist. Ruhen lassen.

* Inzwischen die Vertiefungen einer Pralinenform mit temperierter Kuvertüre auskleiden. 15–20 Minuten fest werden lassen (siehe Seite 130).

* Die dickflüssige, abgekühlte Fondantmasse in einen Spritzbeutel füllen. Bis kurz unter den Rand in die mit Kuvertüre ausgekleideten Pralinenformen spritzen. Etwa 15 Minuten ruhen lassen, bis die Fondantmasse noch stärker angedickt ist. Mit temperierter Kuvertüre versiegeln. Bevor die Pralinen aus den Formen gelöst werden, 3–4 Stunden ruhen lassen. In einem luftdicht verschlossenen Gefäß sind sie bei Raumtemperatur bis zu 3 Wochen haltbar.

Zuckerkochgrad: Kleiner Ballen

118–121°C

1 Zucker und Wasser zusammen in einen Topf mit dickem Boden geben.

2 Erhitzen, bis sich der Zucker aufgelöst hat.

3 Das Zuckerthermometer in den Topf stellen und den Sirup zum Kochen bringen.

4 Um zu verhindern, dass der Sirup auskristallisiert, die Innenseiten des Topfes regelmäßig mithilfe eines sauberen Kochpinsels mit klarem Wasser abwischen.

5 Wenn der Sirup eine Temperatur von 118–121°C erreicht hat, spricht man vom Zuckerkochgrad »Kleiner Ballen«.

6 Zum Prüfen des Zuckerkochgrads ein klein wenig Sirup in eiskaltes Wasser geben. Der Sirup sollte eine sehr weiche Kugel bilden, die auch außerhalb des Wassers ihre Form behält.

1

2

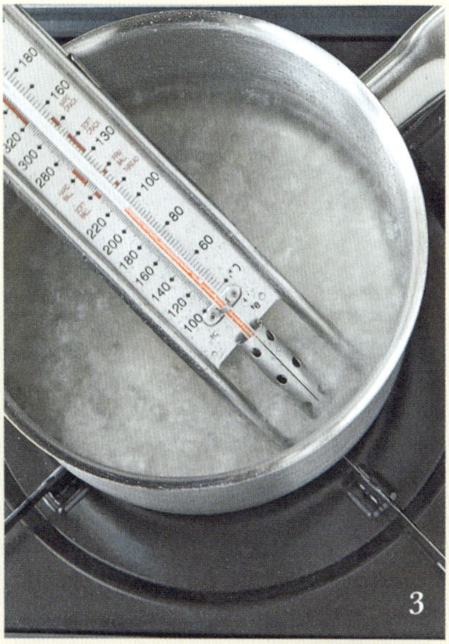
3

4

5

6

Lakritze

Vorbereitung: 20 Minuten
Kochzeit: 55 Minuten • Ruhezeit: etwa 1 ½ Stunden
Ergibt 60 Lakritzschnecken

neutrales Pflanzenöl, zum Fetten
4 EL Gelatinepulver
40 g Maisstärke
250 g Kristallzucker
150 ml heller Zuckerrohrsirup
150 g gesüßte Kondensmilch
85 g Melasse (dunkler Zuckerrübensirup)
120 g Butter
1 Prise Salz
3–4 EL Speisefarbe schwarz
2 TL Süßholzextrakt (natürliches Lakritzaroma)

AUSSTATTUNG:

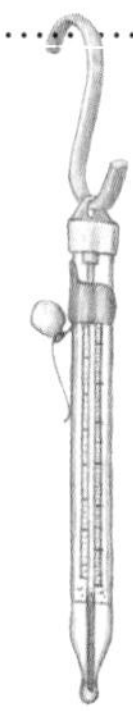

- Zwei Backbleche leicht mit Pflanzenöl fetten.

- In einer kleinen Schüssel das Gelatinepulver unter 200 ml Wasser rühren. 5 Minuten quellen lassen, dann die Maisstärke untermischen.

- Zucker, hellen Zuckerrohrsirup, Kondensmilch, Melasse, Butter und Salz in einem Topf mit dickem Boden unter Rühren mäßig erhitzen, bis sich der Zucker aufgelöst hat. Die eingeweichte Gelatine sorgfältig untermischen.

- Das Zuckerthermometer in den Topf stellen und die Mischung in etwa 45 Minuten auf 121 °C erhitzen und einkochen lassen. Inzwischen etwas Speisefarbe untermischen, bis die gewünschte Farbe erreicht ist.

- Vom Herd nehmen und das Süßholzextrakt untermischen. Die Masse auf den vorbereiteten Blechen verteilen und etwa 30 Minuten ruhen lassen.

- Die Lakritze in lange, je 5 mm breite Streifen schneiden. Die Streifen schneckenförmig aufrollen und zum vollständigen Abkühlen etwa 1 Stunde auf Backpapier legen. In einem luftdicht verschlossenen Gefäß sind die Lakritzschnecken an einem kühlen, trockenen Ort bis zu 1 Woche haltbar.

Fondant-Lakritz-Konfekt

Vorbereitung: 20 Minuten
Keine Kochzeit • Ruhezeit: mind. 5 Stunden, am besten über Nacht
Ergibt 350 g

250 g Puderzucker, plus mehr zum Bestäuben
2 EL Sahne
60 g weiche Butter
etwas Speisefarbenpaste oder -gel (schwarz und weitere Farben nach Belieben)
1 TL Süßholzextrakt (natürliches Lakritzaroma)
4 EL kleine bunte Zuckerperlen, nach Belieben

AUSSTATTUNG:

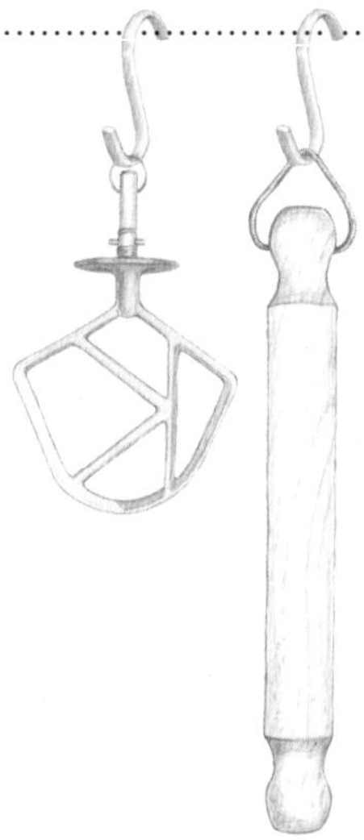

- Ein Backblech mit Backpapier auslegen.
- Puderzucker, Sahne und Butter in der Standküchenmaschine mit dem Rührelement glatt rühren.
- Die Masse in mehrere Portionen teilen und diese bis auf eine nach Belieben mit unterschiedlichen Farben kolorieren. (Speisefarbenpaste muss sehr sparsam verwendet werden – am besten mit einem Zahnstocher dosieren.) Die schwarz gefärbte Portion mit dem Süßholzextrakt aromatisieren.
- Die verschiedenen Varianten separat auf der leicht mit Puderzucker bestäubten Arbeitsfläche glatt kneten.
- Jedes Quantum mit dem Rollholz zu jeweils 5 mm dünnen Platten ausrollen. Die einzelnen Fondantplatten aufeinanderlegen, leicht andrücken und mit einem spitzen Messer in quadratische Stücke à 2 cm schneiden.
- Die Quadrate können nach Belieben umgeformt werden, z. B. zu Kugeln, und abschließend in den Zuckerperlen gewälzt werden.
- Das Fondant-Konfekt auf dem vorbereiteten Blech mindestens 5 Stunden trocknen lassen, am besten über Nacht. Luftdicht verpackt sind die Leckereien an einem kühlen, trockenen Ort bis zu 1 Woche haltbar.

Erdbeer-Lakritz-Bänder

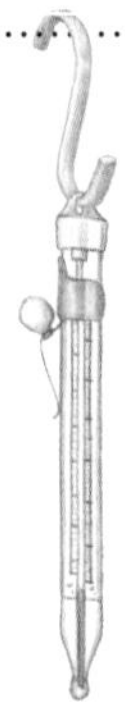

Vorbereitung: 20 Minuten
Kochzeit: 55 Minuten • Ruhezeit: 1 ½–2 Stunden
Ergibt 650 g

AUSSTATTUNG:

neutrales Pflanzenöl, zum Fetten
4 EL Gelatinepulver
40 g Maisstärke
250 g Kristallzucker
150 ml heller Zuckerrohrsirup
200 g gesüßte Kondensmilch
100 g Butter
1 Prise Salz
½ TL Speisefarbenpaste oder -gel, rot
1 TL Süßholzextrakt (natürliches Lakritzaroma)
1 TL natürliches Erdbeeraroma
Puderzucker, zum Bestäuben

* Zwei Backbleche leicht mit Pflanzenöl fetten. Das Gelatinepulver in einer kleinen Schüssel unter 200 ml Wasser rühren und 5 Minuten quellen lassen. Die Maisstärke sorgfältig untermischen.

* Zucker, hellen Zuckerrohrsirup, Kondensmilch, Butter und Salz in einem Topf mit dickem Boden unter Rühren mäßig erhitzen, bis sich der Zucker aufgelöst hat. Die Gelatine-Mischung unterrühren.

* Das Ganze zum Kochen bringen und das Zuckerthermometer in den Topf stellen. In etwa 45 Minuten auf eine Temperatur von 121 °C erhitzen und einkochen lassen. Während die Masse kocht, ein klein wenig rote Speisefarbe hinzufügen.

* Vom Herd nehmen. Süßholzextrakt und Erdbeeraroma sorgfältig untermischen. Die Masse auf den vorbereiteten Blechen verteilen und 30–45 Minuten ruhen lassen.

* Wenn die Masse einigermaßen fest ist, eine Portion auf ein leicht mit Puderzucker bestäubtes Schneidebrett stürzen. Mit einem scharfen Messer in lange, 3 mm dünne Streifen schneiden. Mit der zweiten Portion wiederholen. Auf Backpapier vollständig abkühlen lassen (das dauert etwa 1 Stunde). Die Erdbeer-Lakritz-Bänder sind in einem luftdicht verschlossenen Gefäß an einem kühlen, trockenen Ort bis zu 1 Woche haltbar.

Gezogener Zucker

1 Zuckersirup zubereiten, wie im Rezept auf Seite 72 beschrieben. Vorsichtig auf die leicht geölte Marmorarbeitsfläche oder auf eine Silikonmatte gießen.

2 Da der Sirup noch flüssig ist, muss er zügig bearbeitet werden: Etwa 5–10 Minuten mit einem Spachtel oder Schaber aus Metall immer wieder von den Rändern ausgehend zur Mitte zusammenschieben, bis er etwas abgekühlt und angedickt ist.

3 Nach Belieben Aroma und Speisefarbe hinzufügen und untermischen, indem der Sirup weiterbearbeitet wird, wie oben beschrieben. Wenn er stark angedickt ist, werden die Ränder mit dem Spachtel zur Mitte gefaltet.

4 Sobald der Sirup so weit abgekühlt ist, dass er mit den Händen bearbeitet werden kann, Latexhandschuhe überziehen und leicht mit Pflanzenöl fetten. Den Sirup in die Hände nehmen, auseinanderziehen und wieder zusammenfalten.

5 Erneut auseinanderziehen und zusammenfalten. Wiederholen, solange der Zucker weich genug ist. Auf diese Weise wird Luft in die Zuckermasse eingearbeitet und sie wird besser formbar.

6 Der gezogene Zucker ist so weit, wenn er heller ist als zu Beginn und eine flexible Konsistenz hat.

1

2

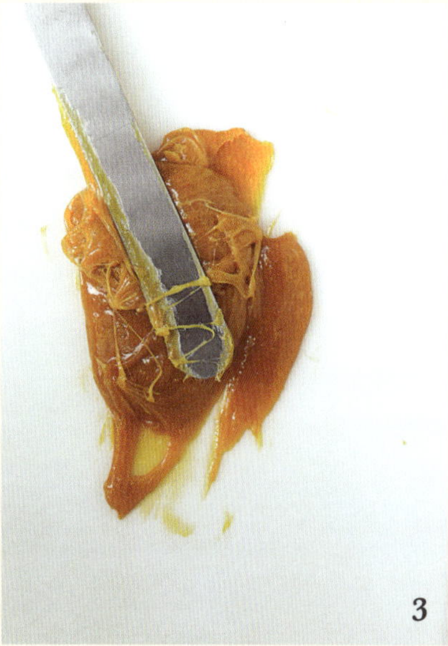
3

4

5

6

Fondant-Fruchtbonbons

Vorbereitung: 25 Minuten
Kochzeit: 30–40 Minuten • Keine Ruhezeit
Ergibt 40 Bonbons

AUS-STATTUNG:

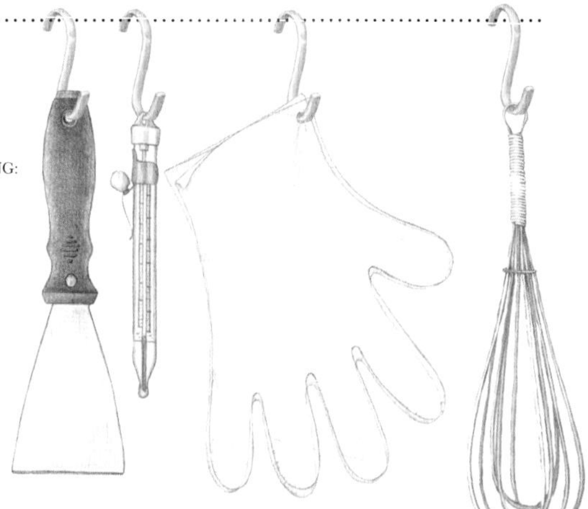

neutrales Pflanzenöl, zum Fetten
200 g Kristallzucker
120 ml heller Zuckerrohrsirup
2 TL Maisstärke
15 g weiche Butter
¼ TL Natron
2 Tropfen natürliches Erdbeeraroma
ein wenig Speisefarbenpaste oder -gel, rosa
1 TL Zitronensäure (optional)

* Die Marmorarbeitsfläche oder eine Silikonmatte sowie eine Palette oder einen Schaber leicht fetten.

* Zucker, hellen Zuckerrohrsirup, Maisstärke und Butter mit 60 ml Wasser in einem Topf mit dickem Boden unter Rühren sanft erhitzen, bis sich der Zucker vollständig aufgelöst hat. Das Zuckerthermometer in den Topf stellen und die Mischung bei mäßiger Temperatur in etwa 25 Minuten auf 121 °C erhitzen und einkochen lassen.

* Vom Herd nehmen und das Natron untermischen. Den Sirup auf die Marmorarbeitsfläche oder Silikonmatte gießen und zügig mit Palette bzw. Spachtel etwa 5 Minuten lang immer wieder von den Rändern her zur Mitte schieben, bis die Masse etwas abgekühlt und angedickt ist.

* Aroma, ein klein wenig Speisefarbe und gegebenenfalls die Zitronensäure hinzufügen und sorgfältig untermischen, wie oben beschrieben.

* Sobald die Masse so weit abgekühlt ist, dass sie per Hand bearbeitet werden kann, Latexhandschuhe überziehen und leicht mit Öl fetten. Den Fondant in die Hände nehmen und wiederholt auseinanderziehen und zusammenfalten, bis er etwas heller und deutlich flexibler ist.

* In zwei Portionen teilen und diese auf der leicht geölten Marmorarbeitsfläche zu Rollen à 5 mm Durchmesser formen. Mit dem Metallschaber in je 2,5 cm große Stücke schneiden. Die Bonbons einzeln in Zellophan oder Backpapier wickeln. Luftdicht verpackt sind sie bis zu 1 Woche haltbar.

5

Pâtes de Fruits & Geleebonbons

Pâte de Fruits: Himbeere

Vorbereitung: 10 Minuten
Kochzeit: etwa 1 Stunde • Ruhezeit: 2-mal über Nacht, plus 5 Minuten
Ergibt 36 Pâtes de Fruits

580 g Kristallzucker
10 g Pektinpulver
500 g Himbeeren, zerdrückt
Saft von 1 Zitrone
100 g Puderzucker, zum Wälzen

AUSSTATTUNG:

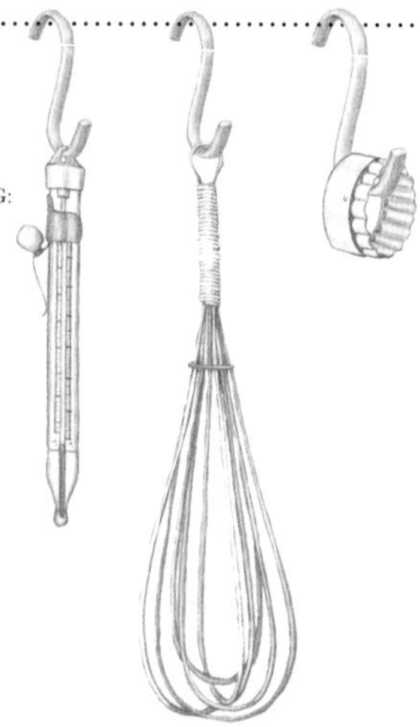

- Ein quadratisches Blech à 19 cm Seitenlänge mit Frischhaltefolie auslegen.
- Die Hälfte des Zuckers in einer Schüssel mit dem Pektinpulver vermischen.
- Die Himbeeren mit dem restlichen Zucker und dem Zitronensaft in einem Topf mit dickem Boden unter Rühren sanft erhitzen, bis sich der Zucker vollständig aufgelöst hat. Daraufhin die Zucker-Pektin-Mischung mit dem Schneebesen sorgfältig untermischen.
- Das Zuckerthermometer in den Topf stellen und die Mischung kurz aufkochen. Dann bei schwacher Hitze 45–50 Minuten köcheln lassen und regelmäßig umrühren, damit die Masse nicht anbrennt.
- Den Topf vom Herd nehmen, sobald eine Temperatur von 118°C erreicht ist. 5 Minuten ruhen lassen.
- Die Masse auf das vorbereitete Blech gießen und bei Raumtemperatur vollständig abkühlen lassen. Mit Frischhaltefolie abdecken und möglichst über Nacht gelieren lassen.
- Die gelierte Masse mit einem scharfen Messer in Quadrate schneiden. Den Puderzucker in einen tiefen Teller geben, die Quadrate einzeln darin wälzen und dann auf einem mit Backpapier ausgelegten Backblech an einem kühlen, trockenen Ort über Nacht trocknen lassen.
- Kühl und trocken gelagert sind die Pâtes de Fruits bei Raumtemperatur bis zu 2 Wochen haltbar.

Pâte de Fruits: Brombeere & Lakritz

Vorbereitung: 10 Minuten
Kochzeit: etwa 1 Stunde • Ruhezeit: 2-mal über Nacht, plus 5 Minuten
Ergibt 100 Pâtes de Fruits

580 g Kristallzucker
10 g Pektinpulver
500 g Brombeeren, zerdrückt
Saft von ½ Zitrone
1 TL Süßholzextrakt (natürliches Lakritzaroma)
100 g Puderzucker, zum Wälzen

AUSSTATTUNG:

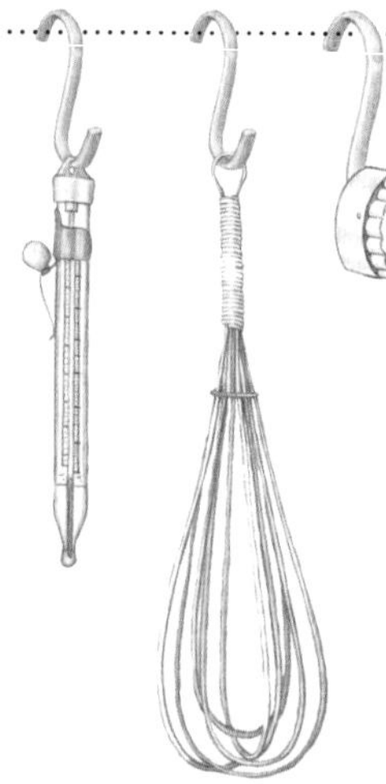

- Ein quadratisches Blech à 21 cm Seitenlänge mit Frischhaltefolie auslegen.

- Die Hälfte des Zuckers in einer Schüssel mit dem Pektinpulver vermischen.

- Die Brombeeren mit dem restlichen Zucker und dem Zitronensaft in einem Topf mit dickem Boden unter Rühren sanft erhitzen, bis sich der Zucker vollständig aufgelöst hat. Dann die Zucker-Pektin-Mischung mit dem Schneebesen sorgfältig untermischen.

- Das Zuckerthermometer in den Topf stellen und die Mischung kurz aufkochen. Dann bei schwacher Hitze 45–50 Minuten köcheln lassen und regelmäßig umrühren, damit die Masse nicht anbrennt.

- Den Topf vom Herd nehmen, sobald eine Temperatur von 118°C ist. Das Süßholzextrakt untermischen und 5 Minuten ruhen lassen.

- Die Masse auf das vorbereitete Blech gießen und bei Raumtemperatur vollständig abkühlen lassen. Mit Frischhaltefolie abdecken und möglichst über Nacht gelieren lassen.

- Aus der gelierten Masse mit einem runden Ausstecher à 2 cm Durchmesser (oder nach Belieben) einzelne Portionen ausstechen. Den Puderzucker in einen tiefen Teller geben, die Portionen einzeln darin wälzen und dann auf einem mit Backpapier ausgelegten Backblech an einem kühlen, trockenen Ort über Nacht trocknen lassen.

- Kühl und trocken gelagert sind die Pâtes de Fruits bis zu 2 Wochen haltbar.

Quittenbrot

Vorbereitung: 15 Minuten
Kochzeit: 2 ½ Stunden • Ruhezeit: über Nacht, plus 5 Minuten
Ergibt 6 Stück

neutrales Pflanzenöl, zum Fetten

1 kg Quitten, geschält, Kerngehäuse entfernt und Fruchtfleisch gewürfelt

Saft von 1 Zitrone

580 g Kristallzucker

10 g Pektinpulver

100 g Puderzucker, zum Wälzen (optional)

AUSSTATTUNG:

- 6 Dariole-Formen à 125 ml leicht mit Pflanzenöl fetten.

- Die Quittenstücke in einem Topf mit Wasser bedecken. Den Zitronensaft hinzufügen. Zum Kochen bringen und 20–30 Minuten sanft köcheln lassen. Die Früchte, sobald sie zart gegart sind, mit dem Handmixer pürieren. Insgesamt werden 500 ml Quittenpüree benötigt.

- Die Hälfte des Zuckers in einer Schüssel mit dem Pektinpulver vermischen.

- Das Quittenpüree mit dem Rest des Zuckers in einem Topf mit dickem Boden unter Rühren sanft erhitzen, bis sich der Zucker vollständig aufgelöst hat. Dann die Zucker-Pektin-Mischung mit dem Schneebesen sorgfältig untermischen.

- Aufkochen, dann bei schwacher Hitze 1 ½–1 ¾ Stunden unter regelmäßigem Rühren köcheln lassen, bis sich die Masse von den Seiten des Topfes löst.

- Vom Herd nehmen und 5 Minuten ruhen lassen. Mit einer Suppenkelle auf die vorbereiteten Formen verteilen und abkühlen lassen. Mit Frischhaltefolie abdecken und über Nacht gelieren lassen.

- Das vollständig gelierte Quittenbrot aus den Formen lösen. So wie es ist, kann es zu Käse gereicht werden, gewälzt in Puderzucker ist es eine köstliche Süßigkeit. In einem luftdicht verschlossenen Gefäß ist das Quittenbrot im Kühlschrank bis zu 6 Monate haltbar.

Geleebonbons

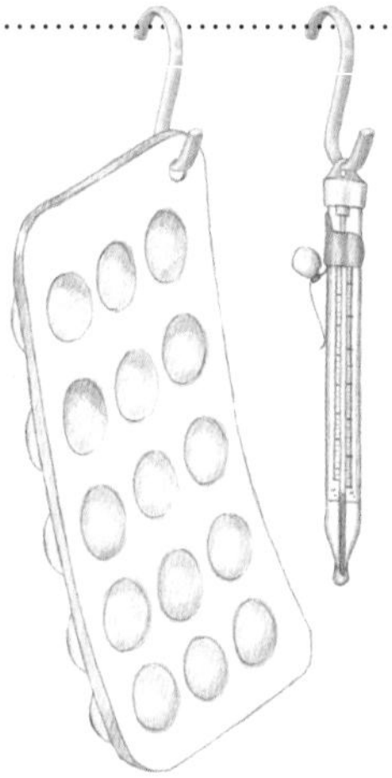

Vorbereitung: 15 Minuten
Kochzeit: 30–40 Minuten • Ruhezeit: 30 Minuten
Ergibt 12–15 Bonbons

neutrales Pflanzenöl, zum Fetten
100 g Haushaltszucker
5 TL Zitronensäure
4 EL Gelatinepulver
5 g Maisstärke
275 g Kristallzucker
30 g Glukosesirup
1 TL natürliches Erdbeer- oder Orangenaroma

AUSSTATTUNG:

je 1 Tropfen
verschiedener Speisefarben

⁎ Eine Auswahl an Silikonformen für Pralinen leicht mit Pflanzenöl fetten. In einer kleinen Schüssel den Haushaltszucker mit 3 TL Zitronensäure vermischen und beiseitestellen.

⁎ Das Gelatinepulver in einer separaten Schüssel unter 150 ml Wasser rühren. 5 Minuten quellen lassen, dann die Maisstärke sorgfältig untermischen.

⁎ Den Kristallzucker mit 270 ml Wasser und dem Glukosesirup in einem Topf mit dickem Boden sanft erhitzen. Aufkochen. Die Gelatine-Mischung mit dem Schneebesen sorgfältig unterrühren.

⁎ Das Zuckerthermometer in den Topf stellen und die Mischung in etwa 20 Minuten auf 118 °C erhitzen und einkochen lassen. Vom Herd nehmen, die restliche Zitronensäure und das gewünschte Aroma untermischen. Es sollte ein homogener Sirup entstehen.

⁎ Den Sirup auf mehrere hitzebeständige Kännchen aufteilen. Jeweils eine andere Speisefarbe untermischen. Die bunten Mischungen in die vorbereiteten Formen gießen (jeweils bis kurz unter den Rand der Vertiefungen) und 30 Minuten ruhen lassen.

⁎ Die gelierten Bonbons gleich aus den Formen lösen und in der Haushaltszucker-Zitronensäure-Mischung wälzen. In einem luftdicht verschlossenen Gefäß sind sie bis zu 3 Wochen haltbar.

6

Marshmallows, Nugat & Lokum

Klassische Marshmallows

Vorbereitung: 20 Minuten
Kochzeit: 30–40 Minuten • Ruhezeit : 3–4 Stunden
Ergibt 24 Marshmallows (500 g)

neutrales Pflanzenöl, zum Fetten
30 g Gelatinepulver
300 g Kristallzucker
100 g Glukosesirup
2 Eiweiß
1 Prise Salz
1 TL Vanilleextrakt
400 g Haushaltszucker
je 2 Tropfen Speisefarbe, nach Belieben, (blau, gelb, grün, pink …)

AUSSTATTUNG:

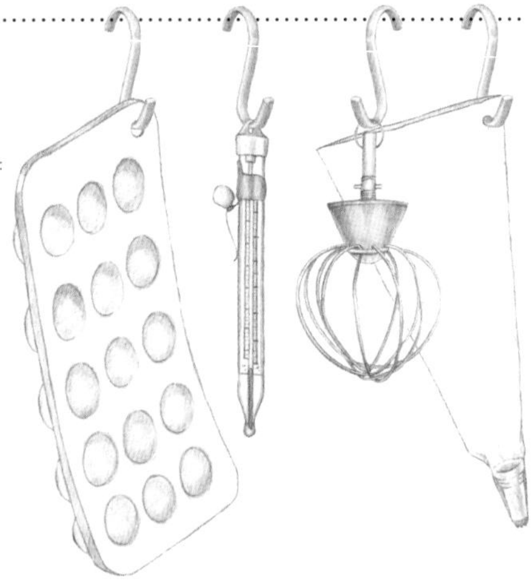

* Zwei tiefe Silikonformen für Pralinen leicht fetten.

* In einer Schüssel 100 ml Wasser mit dem Gelatinepulver vermischen und 5 Minuten quellen lassen.

* Den Kristallzucker mit 150 ml Wasser und dem Glukosesirup in einem Topf mit dickem Boden unter Rühren erhitzen, bis sich der Zucker aufgelöst hat. Zum Kochen bringen, das Zuckerthermometer in den Topf stellen und die Mischung in etwa 25 Minuten auf 121 °C erhitzen und dabei sirupartig einkochen lassen. Vom Herd nehmen und die aufgelöste Gelatine durch kräftiges Rühren gleichmäßig untermischen.

* Eiweiße und Salz in der Standküchenmaschine auf mittlerer Stufe zu lockerem Eischnee aufschlagen. Das Vanilleextrakt untermischen. Den heißen Sirup in einem feinen Strahl unter Rühren zum Eischnee laufen lassen. 10–15 Minuten weiter aufschlagen, bis die Masse abgekühlt ist.

* Für jede Speisefarbe eine kleine Schüssel bereitstellen und den Haushaltszucker darauf verteilen. Jeweils 2 Tropfen der gewünschten Speisefarben sorgfältig untermischen.

* Die Baisermasse in einen mit Lochtülle ausgestatteten Spritzbeutel füllen und in die vorbereiteten Formen spritzen. Die Formen leicht auf die Arbeitsfläche klopfen, um Luftbläschen aus der Masse zu entfernen. Etwas farbigen Zucker darüberstreuen und etwa 2 Stunden trocknen lassen.

* Die Marshmallows vorsichtig aus den Formen lösen und im bunten Zucker wälzen. Auf Backpapier 1–2 Stunden trocknen lassen. In einem luftdicht verschlossenen Gefäß sind die Leckereien bis zu 2 Wochen haltbar.

Schokoladenschälchen

mit Marshmallow-Karamell-Füllung

Vorbereitung: 25 Minuten
Kochzeit: 40–55 Minuten • Ruhezeit: mind. 2 ½ Stunden
Ergibt 45 Stück

500 g Zartbitterkuvertüre (mind. 70 % Kakaoanteil), temperiert (siehe Seite 126–129)
250 g Butterkaramell (Rezept siehe Seite 168)
500 g Marshmallowmasse (Rezept siehe Seite 86)
3 EL Demerarazucker, zum Garnieren

AUSSTATTUNG:

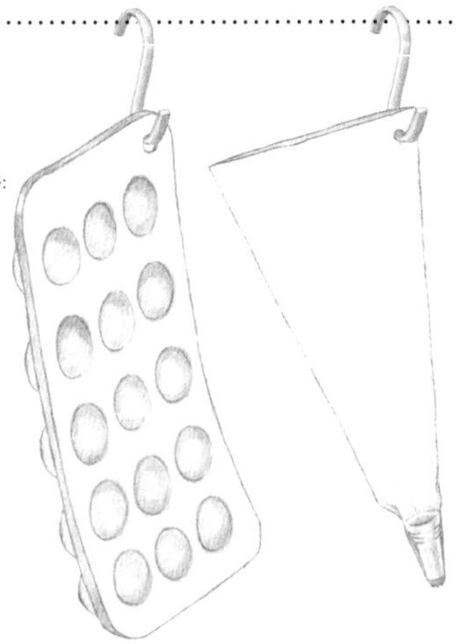

⁕ Die Silikonform für Pralinen mit temperierter Kuvertüre auskleiden (siehe Seite 130). Wenn die Kuvertüre vollständig erstarrt ist, die Schokoladenschälchen aus der Form lösen.

⁕ Die Butterkaramellmasse mithilfe eines Spritzbeutels in die Schokoladenschälchen füllen, sodass diese jeweils etwa zu einem Viertel gefüllt sind.

⁕ Die fertige Marshmallowmasse in einen mit Sterntülle ausgestatteten Spritzbeutel füllen und in spiralförmigen Kuppeln auf die Karamellmasse in den Schokoladenschälchen spritzen. Mit Demerarazucker bestreuen und mindestens 2 Stunden ruhen lassen.

⁕ In einem luftdicht verschlossenen Gefäß an einem kühlen, trockenen Ort bis zu 1 Woche haltbar.

Erdbeer-Marshmallow-Bänder

Vorbereitung: 15 Minuten
Kochzeit: 30–40 Minuten • Ruhezeit: mindestens 2 Stunden
Ergibt 6 lange Bänder (600 g)

AUSSTATTUNG:

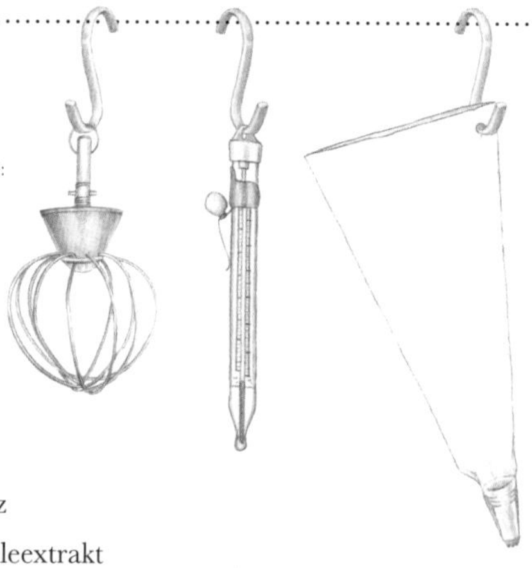

50 g Puderzucker
50 g Maisstärke
30 g Gelatinepulver
300 g Kristallzucker
50 ml ungesüßte Kondensmilch
75 g Glukosesirup
2 Eiweiß

1 Prise Salz
1 TL Vanilleextrakt
¼ TL Speisefarbe, pink
½ TL natürliches Erdbeeraroma

- Ein Backblech mit Backpapier auslegen. Puderzucker und Maisstärke vermischen und auf das vorbereitete Blech stäuben.

- Die Gelatine in einer kleinen Schüssel unter 100 ml Wasser rühren und 5 Minuten quellen lassen.

- Den Zucker mit 100 ml Wasser, der Kondensmilch und dem Glukosesirup in einem Topf mit dickem Boden unter Rühren erhitzen, bis sich der Zucker aufgelöst hat. Zum Kochen bringen, das Zuckerthermometer in den Topf stellen und die Mischung in etwa 25 Minuten auf 121 °C erhitzen und dabei sirupartig einkochen lassen.

- Den Topf vom Herd nehmen und die eingeweichte Gelatine vollständig untermischen.

- Eiweiße und Salz in der Standküchenmaschine bei mittlerer Stufe zu lockerem Eischnee aufschlagen. Das Vanilleextrakt untermischen. Den heißen Sirup bei laufender Maschine in einem feinen Strahl in den Eischnee laufen lassen. 10–15 Minuten weiter aufschlagen, bis die Masse abgekühlt und angedickt ist.

- Die Masse auf zwei Schüsseln verteilen. Unter eine Portion die pinke Speisefarbe und das Erdbeeraroma mischen. Die beiden Massen (weiß und rosa) zusammen in einen mit Sterntülle ausgestatteten Spritzbeutel füllen. In verschlungenen Bändern auf das vorbereitete Blech spritzen und 2 Stunden bei Raumtemperatur antrocknen lassen. In einem luftdicht verschlossenen Gefäß sind die Marshmallows bis zu 2 Wochen haltbar.

Karamell-Florentiner

mit Popcorn & Marshmallows

Vorbereitung: 15 Minuten
Kochzeit: 20–30 Minuten • Ruhezeit: mindestens 25 Minuten
Ergibt 12–15 Stück

- 100 g Erdbeer-Marshmallow-Bänder (Rezept siehe Seite 90)
- 100 g salziges Popcorn
- 30 g Cornflakes
- 50 g getrocknete Cranberrys
- 250 g feiner brauner Zucker
- 125 g Sahne
- 1 EL heller Zuckerrohrsirup
- 30 g Butter

AUSSTATTUNG:

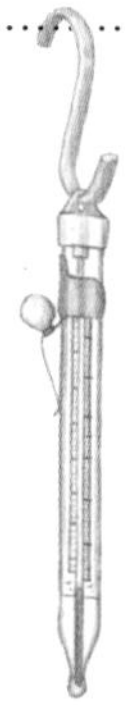

- Ein Backblech mit Backpapier auslegen.

- Die Marshmallows in kleine Würfel schneiden und in einer Schüssel mit Popcorn, Cornflakes und Cranberrys mischen. Beiseitestellen.

- Zucker, Sahne, hellen Zuckerrohrsirup und Butter in einem Topf mit dickem Boden unter Rühren erhitzen, bis sich der Zucker aufgelöst hat. Zum Kochen bringen, das Zuckerthermometer in den Topf stellen und die Mischung in 15–20 Minuten auf 125 °C erhitzen und dabei sirupartig einkochen lassen.

- Den Topf vom Herd nehmen und den Sirup 5 Minuten ruhen lassen.

- Den leicht abgekühlten Sirup zu der Mischung aus Popcorn, Cornflakes und Cranberrys geben. Sorgfältig vermengen. Mit einem Esslöffel einzelne Portionen auf das vorbereitete Backblech setzen.

- Bei Raumtemperatur mindestens 20 Minuten abkühlen und fest werden lassen. In einem luftdicht verschlossenen Gefäß sind diese Häppchen bis zu 1 Woche haltbar.

Schokoküsse

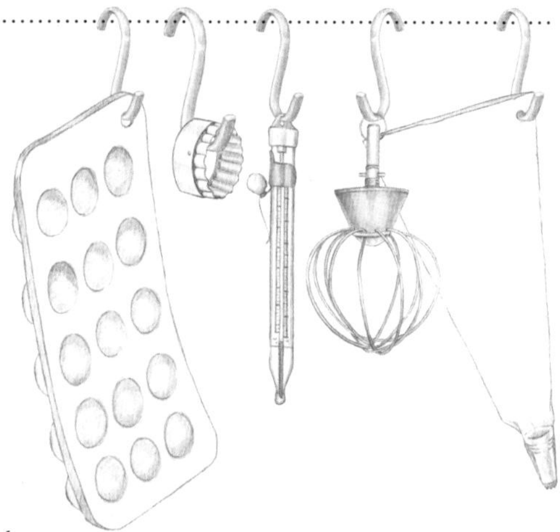

Vorbereitung: 30–35 Minuten • Kochzeit: 25–30 Minuten
Ruhezeit: 4 Stunden
Ergibt 10 Stück

AUSSTATTUNG:

neutrales Pflanzenöl, zum Fetten
10 Karamellwaffeln
50 g Vollmilchkuvertüre, geschmolzen (siehe Seite 126)
12 g Gelatinepulver
200 g Haushaltszucker
1 EL Glukosesirup
3 Eiweiß
1 Prise Salz
450 g Vollmilchkuvertüre, temperiert (siehe Seite126–129)

* Zehn Cannelés-Formen à 4,5 cm Durchmesser fetten. Zwei Backbleche mit Backpapier auslegen. Die Waffeln mit einer runden Ausstechform à 4,5 cm Durchmesser zurechtschneiden. Je eine Seite der Waffeln mit geschmolzener Kuvertüre überziehen. Mit der Schokoladenseite nach oben 2 Stunden auf Backpapier ruhen lassen.

* Die Gelatine in einer kleinen Schüssel mit 2 EL Wasser verrühren. 5 Minuten quellen lassen.

* Zucker, Glukosesirup und 2 EL Wasser in einem Topf mit dickem Boden mäßig erhitzen, bis sich der Zucker aufgelöst hat. Zum Kochen bringen, das Zuckerthermometer in den Topf stellen und die Mischung in etwa 15 Minuten auf 120°C erhitzen und dabei sirupartig einkochen lassen. Vom Herd nehmen. Die Gelatine untermischen.

* Eiweiße und Salz in der Standküchenmaschine bei mittlerer Stufe zu lockerem Eischnee aufschlagen. Den Sirup in einem feinen Strahl in den Eischnee laufen lassen, während die Maschine auf hoher Stufe weiterrührt. 10–15 Minuten weiter aufschlagen, bis die Schaummasse abgekühlt und steif geworden ist. Mit einem mit Lochtülle ausgestatteten Spritzbeutel in die vorbereiteten Formen spritzen, sodass diese bis zu drei Vierteln gefüllt sind. Mindestens 4 Stunden ruhen lassen, am besten über Nacht.

* Die gelierte Schaummasse aus den Formen lösen, mit dem Unterteil in die temperierte Kuvertüre tunken und jeweils gleich auf eine der Waffeln stellen. 10 Minuten ruhen lassen. Ein Kuchengitter auf ein Backblech stellen, die einzelnen Portionen mit Abstand darauf setzen. Mithilfe einer Kelle mit temperierter Kuvertüre überziehen. Kurz abwarten, die Schokoküsse dann zum Trocknen auf Backpapier setzen. Noch 3–4 Stunden ruhen lassen. Die Köstlichkeiten sind bis zu 1 Woche haltbar.

Nugat mit Pistazien,
Mandeln & Kirschen

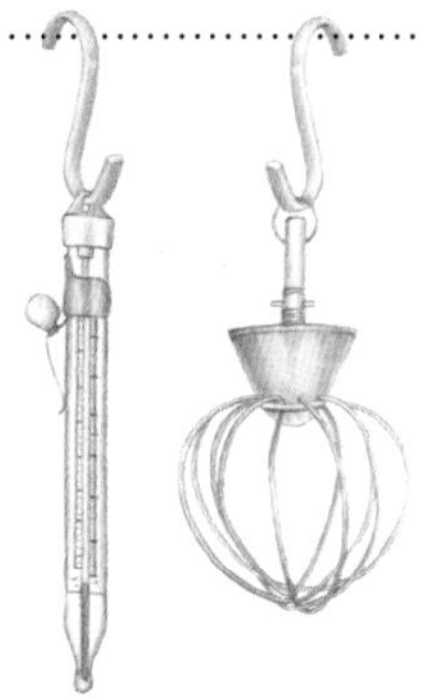

Vorbereitung: 15 Minuten • Kochzeit: 25–60 Minuten
Ruhezeit: mindestens 3–4 Stunden, am besten über Nacht
Ergibt 5 Riegel (400 g)

AUSSTATTUNG:

neutrales Pflanzenöl, zum Fetten
4 kleine oder 2 große rechteckige Oblaten (Esspapier)
300 g Kristallzucker
150 g Honig
1 großes Eiweiß
100 g Pistazienkerne, geröstet
100 g Mandelkerne, blanchiert und geröstet
50 g getrocknete Kirschen

⁕ Eine quadratische Form à 19 cm Seitenlänge leicht fetten und mit Backpapier auslegen. Den Boden der Form mit 1–2 Stück Esspapier bedecken.

⁕ Zucker und Honig mit 50 ml Wasser in einem Topf mit dickem Boden unter Rühren mäßig erhitzen, bis sich der Zucker aufgelöst hat. Das Zuckerthermometer in den Topf stellen und den Sirup nach Belieben auf 120 °C (für sehr weichen Nugat), 143 °C (weicher Nugat) oder 150 °C (fester Nugat) einkochen lassen.

⁕ Inzwischen das Eiweiß in der Standküchenmaschine zu lockerem Eischnee aufschlagen. Den Sirup, sobald er die gewünschte Temperatur hat, unter Rühren in einem feinen Strahl zum Eischnee laufen lassen. Etwa 10 Minuten weiter aufschlagen, bis die Masse andickt und cremefarben ist. Pistazienkerne, Mandelkerne und Kirschen unterheben.

⁕ Die Masse auf dem Esspapier in der vorbereiteten Form verteilen und glatt streichen. Mit 1 oder 2 Blatt Esspapier abdecken und es leicht andrücken. Bei Raumtemperatur mindestens 3–4 Stunden trocknen lassen, am besten über Nacht. Den Nugat dann in Riegel oder kleinere Stücke schneiden. In einem luftdicht verschlossenen Gefäß ist er bis zu 2 Wochen haltbar. Einzelne Stücke beim Aufbewahren immer mit etwas Backpapier trennen.

Nugat à la Tiramisu

Vorbereitung: 15 Minuten • Kochzeit: 40–45 Minuten
Ruhezeit: mindestens 3–4 Stunden, am besten über Nacht
Ergibt 16 Stück

AUSSTATTUNG:

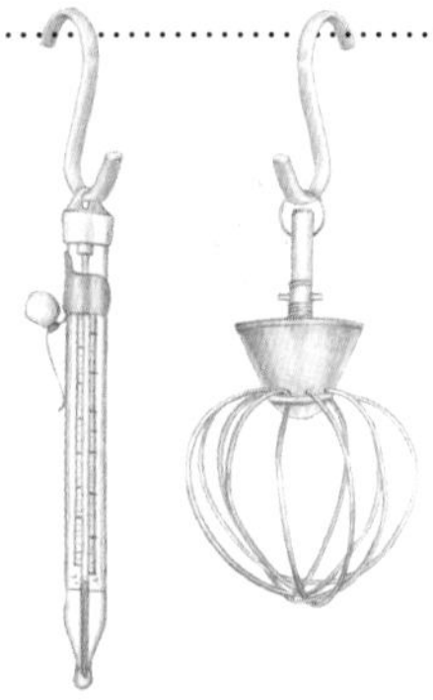

neutrales Pflanzenöl, zum Fetten
2 kleine oder 1 große rechteckige Oblate(n) (Esspapier)
20 g Kakaopulver
2 TL Instantkaffeepulver
300 g Kristallzucker
150 g Honig
1 großes Eiweiß
100 g Mandelkerne, blanchiert und geröstet
30 g Amarettini, grob zerstoßen

- Eine quadratische Form à 19 cm Seitenlänge leicht fetten und mit Backpapier auslegen. Den Boden mit den Oblaten bedecken.

- Das Kakaopulver in einer kleinen Schüssel mit 1 TL Instantkaffeepulver vermischen. Beiseitestellen.

- Zucker und Honig mit 50 ml Wasser in einem Topf mit dickem Boden unter Rühren mäßig erhitzen, bis sich der Zucker aufgelöst hat. Das Zuckerthermometer in den Topf stellen und den Sirup in etwa 30 Minuten auf 130 °C erhitzen und einkochen lassen.

- Inzwischen das Eiweiß in der Standküchenmaschine zu lockerem Eischnee aufschlagen.

- Den Sirup vom Herd nehmen, sobald er die gewünschte Temperatur hat. Den Rest Instantkaffee untermischen. Den heißen Sirup in einem feinen Strahl unter Rühren zum Eischnee laufen lassen. Noch 10 Minuten aufschlagen, bis die Masse andickt und cremefarben ist. Die gerösteten Mandeln und Amarettinistückchen unterheben. Die Masse auf den Oblaten in der vorbereiteten Form verteilen und glatt streichen. Bei Raumtemperatur mindestens 3–4 Stunden abkühlen lassen, am besten über Nacht.

- Den Nugat abschließend in große, quadratische Stücke schneiden und mit der Kakao-Kaffee-Mischung bestäuben. In einem luftdicht verschlossenen Gefäß sind die Leckereien bis zu 2 Wochen haltbar.

Nugat mit Vanille und Erdbeeren

Vorbereitung: 20 Minuten • Kochzeit: 1 ¾ Stunde
Ruhezeit: mindestens 3–4 Stunden, am besten über Nacht
Ergibt 5 Riegel

200 g frische Erdbeeren
neutrales Pflanzenöl, zum Fetten
2 kleine oder 1 große rechteckige Oblate(n) (Esspapier)
300 g Kristallzucker
150 g Honig
1 großes Eiweiß
1 Vanilleschote, halbiert und das Mark herausgekratzt
100 g Mandelkerne, blanchiert und geröstet
Puderzucker, zum Bestäuben

AUSSTATTUNG:

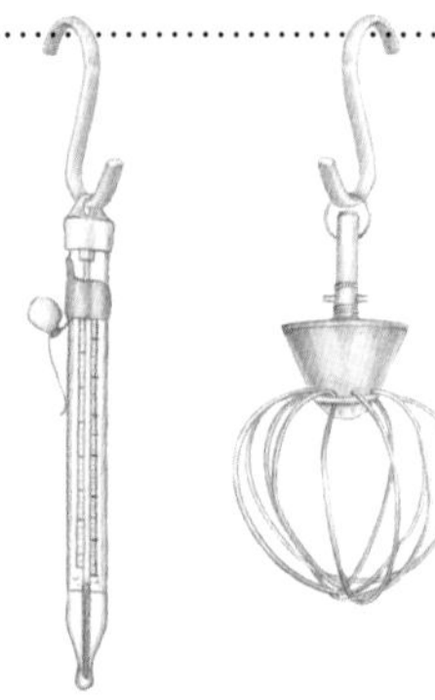

- Den Backofen auf 100 °C (Ober-/Unterhitze) vorheizen. Ein Backblech mit einer Silikonmatte auslegen. Die Erdbeeren in Scheiben schneiden, auf der Silikonmatte verteilen und im vorgeheizten Ofen 1 Stunde trocknen.

- Die getrockneten Erdbeerscheiben vollständig abkühlen lassen. Von der Silikonmatte lösen und beiseitestellen.

- Eine quadratische Backform à 19 cm Seitenlänge leicht fetten, mit Backpapier auslegen und den Boden mit den Oblaten bedecken.

- Zucker und Honig mit 50 ml Wasser in einem Topf mit dickem Boden mäßig erhitzen, bis sich der Zucker aufgelöst hat. Aufkochen, das Zuckerthermometer in den Topf stellen und den Sirup auf 130 °C erhitzen und einkochen lassen.

- Inzwischen das Eiweiß in der Standküchenmaschine zu lockerem Eischnee aufschlagen.

- Den Topf vom Herd nehmen, sobald der Sirup die gewünschte Temperatur hat. Das Vanillemark untermischen und den heißen Sirup in einem feinen Strahl unter Rühren zum Eischnee laufen lassen. Noch etwa 10 Minuten aufschlagen, bis die Masse angedickt und cremefarben ist. Die Mandelkerne und die Hälfte der getrockneten Erdbeeren unterheben.

- Gleichmäßig in der vorbereiteten Form verteilen. Die restlichen Erdbeerscheiben auf die Masse legen und leicht andrücken. Mit etwas Puderzucker bestäuben und mindestens 3–4 Stunden abkühlen lassen, am besten über Nacht. Abschließend in Riegel oder kleinere Stücke schneiden. In einem luftdicht verschlossenen Gefäß sind die Leckereien bis zu 2 Wochen haltbar.

Panforte

Vorbereitung: 15 Minuten
Kochzeit: 50–55 Minuten • Ruhezeit: 30–35 Minuten
Ergibt 12 Tortenstücke

AUSSTATTUNG:

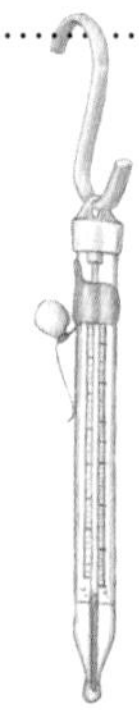

neutrales Pflanzenöl, zum Fetten
20 g Kakaopulver, plus mehr zum Bestäuben
100 g Kristallzucker
100 g Honig
50 g Haselnusskerne, geröstet
50 g Mandelkerne, blanchiert und geröstet
50 g Walnusskerne (Bruch), geröstet
20 g getrocknete Kirschen
40 g getrocknete Feigen, geviertelt
40 g kandierte Orangenschale (siehe Seite 232), gehackt
50 g Zartbitterkuvertüre (mind. 70 % Kakaoanteil), fein gehackt
50 g Weizenmehl (Type 405)
1 TL gemahlener Ingwer
2 TL gemahlener Zimt
½ TL Lebkuchengewürz
30 g Butter
Puderzucker, zum Bestäuben

- Den Backofen auf 160 °C (Ober-/Unterhitze) vorheizen.

- Eine runde Springform à 20 cm Durchmesser mit Backpapier auslegen. Das Backpapier leicht fetten und mit Kakaopulver bestäuben.

- Zucker und Honig in einem Topf mit dickem Boden mäßig erhitzen, bis sich der Zucker aufgelöst hat. Das Zuckerthermometer hineinstellen und den Sirup in etwa 15 Minuten auf 115 °C erhitzen und einkochen lassen.

- In einer Schüssel das Kakaopulver sorgfältig mit den Nusskernen, Trockenfrüchten, kandierten Orangenschalen, der gehackten Kuvertüre, dem Mehl und den Gewürzen vermischen.

- Den Topf vom Herd nehmen, sobald die Zucker-Honig-Mischung die gewünschte Temperatur hat. Die Butter untermischen. Diese Mischung in die Schüssel mit den trockenen Zutaten geben und alles gut vermengen. Die Masse in der vorbereiteten Backform verteilen und im vorgeheizten Ofen 30–35 Minuten backen.

- Den Kuchen 10–15 Minuten in der Form abkühlen lassen und dann vorsichtig daraus lösen. Auf einem Kuchengitter vollständig abkühlen lassen.

- Das Backpapier entfernen, den Kuchen mit Puderzucker bestäuben und in 12 Stücke schneiden. In einem luftdicht verschlossenen Gefäß ist der Panforte bis zu 1 Woche haltbar.

Turron mit Marcona-Mandeln

Vorbereitung: 10 Minuten • Kochzeit: 30–35 Minuten
Ruhezeit: 3–4 Stunden, am besten über Nacht
Ergibt 5 Riegel

neutrales Pflanzenöl, zum Fetten
2 große oder 4 kleine rechteckige Oblaten (Esspapier)
300 g Kristallzucker
150 g Orangenblütenhonig
1 großes Eiweiß
250 g Marcona-Mandeln (mit Haut), geröstet
1 TL frisch abgeriebene Schale von 1 Bio-Zitrone

AUSSTATTUNG:

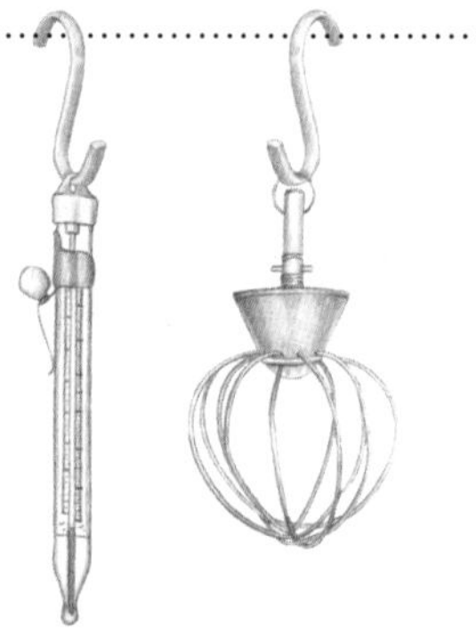

* Eine quadratische Form à 19 cm Seitenlänge leicht fetten und den Boden nach Bedarf mit 1 oder 2 Oblaten (Esspapier) bedecken.

* Zucker und Honig mit 30 ml Wasser in einem Topf mit dickem Boden unter Rühren mäßig erhitzen, bis sich der Zucker aufgelöst hat. Aufkochen, das Zuckerthermometer in den Sirup stellen und ihn in etwa 25 Minuten auf 149°C erhitzen und einkochen lassen.

* Inzwischen das Eiweiß in der Standküchenmaschine zu lockerem Eischnee schlagen. Den Topf vom Herd nehmen, sobald der Sirup die gewünschte Temperatur erreicht hat. 1 Minute ruhen lassen.

* Den heißen Sirup in einem feinen Strahl unter Rühren zum Eischnee gießen. Etwa10 Minuten weiter aufschlagen, bis die Masse andickt und cremefarben ist. Geröstete Mandelkerne und Zitronenschale unterheben.

* Die Masse gleichmäßig in der vorbereiteten Form verteilen. Die Oberfläche mit 1–2 Oblaten abdecken und sie leicht andrücken. Bei Raumtemperatur 3–4 Stunden abkühlen lassen, am besten über Nacht. Die Turron abschließend in Riegel oder kleinere Stücke schneiden. In einem luftdicht verschlossenen Gefäß ist sie 3–4 Wochen haltbar.

Zitronen-Lokum

Vorbereitung: 10 Minuten
Kochzeit: 1–1¼ Stunde • Ruhezeit: 2 Nächte
Ergibt 30 Stück

50 g Puderzucker
85 g Maisstärke
400 g Kristallzucker
2 TL Saft, plus 2 TL frisch abgeriebene Schale von 1 Bio-Zitrone
½ TL Backpulver
1 TL Orangenblütenwasser
1 Tropfen Speisefarbe, gelb

AUSSTATTUNG:

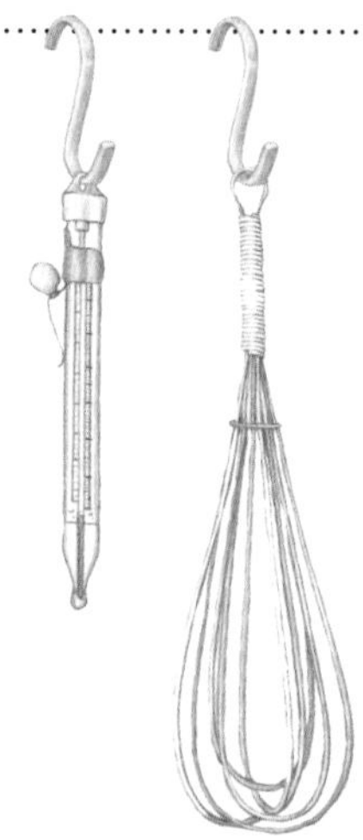

* Eine quadratische Form à 18 cm mit Frischhaltefolie auslegen. Den Puderzucker mit 25 g der Maisstärke vermischen und beiseitestellen.

* Den Zucker mit 200 ml Wasser, Saft und Abrieb der Zitrone in einem Topf mit dickem Boden unter Rühren mäßig erhitzen, bis sich der Zucker aufgelöst hat. Aufkochen, das Zuckerthermometer in den Sirup stellen und ihn in etwa 20 Minuten auf 120 °C erhitzen und einkochen lassen.

* Inzwischen in einem zweiten Topf 270 ml Wasser erhitzen. 60 g Maisstärke und das Backpulver mit dem Schneebesen kräftig untermischen, sodass keine Klümpchen zurückbleiben. Bei mäßiger Hitze 5 Minuten köcheln lassen, bis die Masse leicht andickt.

* Sobald der Sirup 120 °C heiß ist, den Topf vom Herd nehmen. Den Sirup in einem feinen Strahl unter Rühren mit dem Schneebesen zur Backpulver-Mischung laufen lassen. Unter ständigem Rühren 30–35 Minuten bei schwacher Hitze sieden lassen, bis die Masse leicht angedickt ist. Orangenblütenwasser und Speisefarbe untermischen. 5 Minuten köcheln lassen.

* Das Ganze gleichmäßig in der vorbereiteten Form verteilen und mit Frischhaltefolie abdecken. Bei Raumtemperatur mindestens 6–8 Stunden gelieren lassen, am besten über Nacht.

* Die Frischhaltefolie entfernen. Die Oberfläche leicht mit der Puderzucker-Mischung bestäuben. Die gelierte Masse auf Backpapier stürzen, die untere Frischhaltefolie entfernen und den Boden ebenfalls bestäuben. In Würfel schneiden und sie in der Puderzucker-Stärke-Mischung wälzen. Über Nacht trocknen lassen. Luftdicht verpackt sind die Lokums bis zu 2 Wochen haltbar.

Lokum mit Pistazien

& Rosenblüten

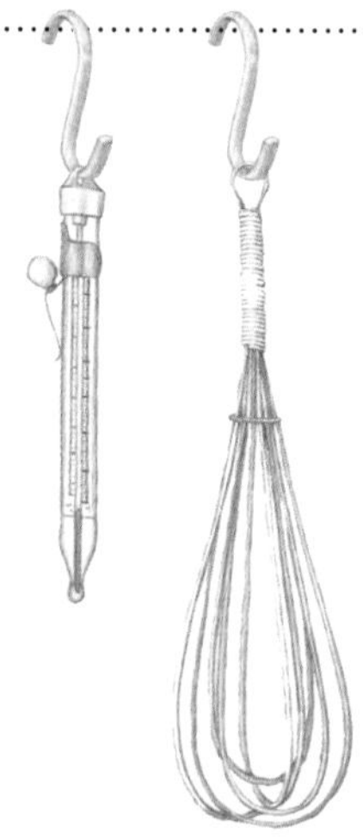

Vorbereitung: 10 Minuten
Kochzeit: 1–1 ¼ Stunde • Ruhezeit: 2 Nächte
Ergibt 30 Stück

- 50 g Puderzucker
- 85 g Maisstärke
- 400 g Kristallzucker
- 1 TL Zitronensaft
- ½ TL Backpulver
- 2 EL getrocknete Rosenblüten
- 30 g Pistazienkerne, grob gehackt
- 1 TL Rosenwasser
- 2 Tropfen Speisefarbe, rosa

AUSSTATTUNG:

⁕ Eine quadratische Form à 18 cm mit Frischhaltefolie auslegen. Den Puderzucker mit 25 g der Maisstärke vermischen und beiseitestellen.

⁕ Den Zucker mit 200 ml Wasser und dem Zitronensaft in einem Topf mit dickem Boden unter Rühren mäßig erhitzen, bis sich der Zucker aufgelöst hat. Das Zuckerthermometer hineinstellen und alles in etwa 20 Minuten auf 120 °C erhitzen und einkochen lassen.

⁕ Inzwischen in einem zweiten Topf 270 ml Wasser mit 60 g Maisstärke und dem Backpulver mit dem Schneebesen verrühren, sodass keine Klümpchen zurückbleiben. Unter ständigem Rühren bei mäßiger Hitze aufkochen. 5 Minuten köcheln lassen, bis die Masse gleichmäßig angedickt ist.

⁕ Sobald der Sirup 120 °C heiß ist, den Topf vom Herd nehmen. Den heißen Sirup in einem feinen Strahl unter Rühren mit dem Schneebesen zur Backpulver-Mischung laufen lassen. Weiterrühren und bei schwacher Hitze 30–35 Minuten sieden lassen, bis die Masse leicht angedickt ist. Rosenblüten, Pistazien, Rosenwasser und Speisefarbe untermischen. 5 Minuten weiterköcheln lassen.

⁕ Das Ganze gleichmäßig in der vorbereiteten Form verteilen und mit Frischhaltefolie abdecken. Bei Raumtemperatur mindestens 6–8 Stunden gelieren lassen, am besten über Nacht.

⁕ Die Frischhaltefolie entfernen. Die gelierte Masse leicht mit der Puderzucker-Mischung bestäuben, dann auf Backpapier stürzen, die untere Frischhaltefolie entfernen und den Boden ebenfalls bestäuben. In Würfel schneiden und in der Mischung wälzen. Über Nacht trocknen lassen und luftdicht verpackt aufbewahren. Die Süßigkeiten sind so bis zu 2 Wochen haltbar.

Schokoladen-Kokos-Lokum

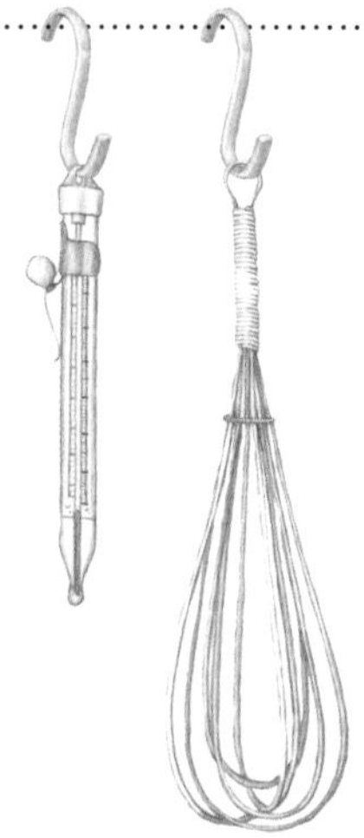

Vorbereitung: 10 Minuten
Kochzeit: 1–1¼ Stunde • Ruhezeit: 2 Nächte
Ergibt 30 Stück

AUSSTATTUNG:

400 g Kristallzucker
60 g Maisstärke
5 g Kakaopulver
½ TL Backpulver
1 TL Vanilleextrakt
20 g Kokosraspel

* Eine quadratische Form à 18 cm mit Frischhaltefolie auslegen.

* Den Zucker mit 200 ml Wasser in einem Topf mit dickem Boden unter Rühren erhitzen, bis sich der Zucker aufgelöst hat. Das Zuckerthermometer in den Sirup stellen und ihn in 10–20 Minuten auf 120 °C erhitzen und einkochen lassen.

* Inzwischen in einem zweiten Topf 270 ml Wasser mit Maisstärke, Kakao und Backpulver mit einem Schneebesen glatt rühren. Bei mäßiger Hitze unter ständigem Rühren aufkochen und 5 Minuten köcheln lassen, bis die Masse gleichmäßig angedickt ist.

* Sobald der Sirup 120 °C heiß ist, den Topf vom Herd nehmen. Den Sirup in einem feinen Strahl unter Rühren mit dem Schneebesen in die Backpulver-Mischung laufen lassen. Weiterrühren und bei schwacher Hitze 30–35 Minuten sieden lassen, bis der Sirup leicht angedickt ist und die Farbe dunkler Schokolade hat. Das Vanilleextrakt untermischen. Noch 5 Minuten bei schwacher Hitze köcheln lassen.

* Das Ganze gleichmäßig in der vorbereiteten Form verteilen und mit Frischhaltefolie abdecken. Bei Raumtemperatur mindestens 6–8 Stunden gelieren lassen, am besten über Nacht.

* Die Frischhaltefolie entfernen. Kokosraspel auf die Oberfläche der Masse streuen. Auf Backpapier stürzen, die untere Frischhaltefolie entfernen, auf den Boden ebenfalls Kokosraspel streuen und die Masse in Stücke schneiden. Die Vierecke in Kokosraspel wälzen. Über Nacht trocknen lassen und luftdicht verpackt aufbewahren. So sind die Lokums bis zu 2 Wochen haltbar.

Fudges

Zuckerkochgrad: Starker Flug

113–116°C

1 Zucker und Wasser in einen Topf mit dickem Boden geben.

2 Erhitzen, bis sich der Zucker aufgelöst hat.

3 Das Zuckerthermometer in den Topf stellen und den Sirup zum Kochen bringen.

4 Um zu verhindern, dass der Sirup auskristallisiert, die Innenseiten des Topfes regelmäßig mithilfe eines sauberen Kochpinsels mit klarem Wasser abwischen.

5 Wenn der Sirup eine Temperatur von 113–116°C hat, ist der Zuckerkochgrad »Starker Flug« erreicht.

6 Zum Prüfen des Zuckerkochgrads ein klein wenig Sirup in eiskaltes Wasser geben. Der Sirup sollte eine sehr weiche, zusammenhängende Masse bilden.

1

2

3

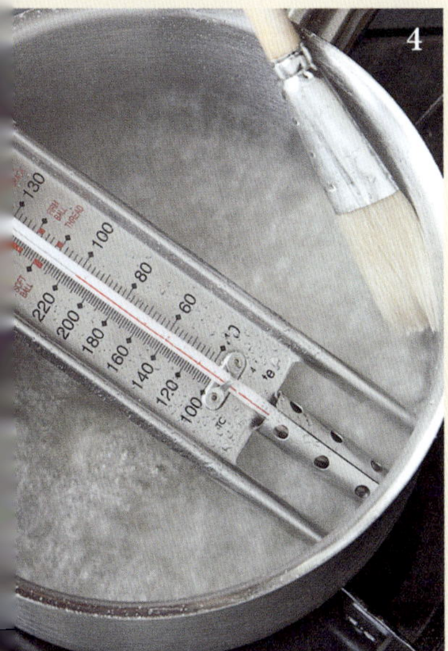
4

5

6

Vanille-Fudge

Vorbereitung: 10 Minuten • Kochzeit: 25–30 Minuten
Ruhezeit: mindestens 2–3 Stunden
Ergibt 20–24 Stück (800 g)

neutrales Pflanzenöl, zum Fetten
450 g Kristallzucker
125 g Sahne
65 ml heller Zuckerrohrsirup
65 ml ungesüßte Kondensmilch
75 g Butter
2 TL Vanilleextrakt
¼ TL Salz

AUSSTATTUNG:

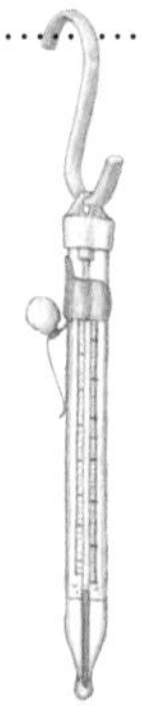

- Eine Kastenform mit 450 ml Fassungsvermögen leicht fetten und mit Backpapier auslegen.

- Zucker, Sahne, hellen Zuckerrohrsirup, Kondensmilch, Butter, Vanilleextrakt und Salz in einem Topf mit dickem Boden unter Rühren mäßig erhitzen, bis sich der Zucker aufgelöst hat.

- Das Zuckerthermometer in den Topf stellen und den Sirup zum Kochen bringen. In etwa 15 Minuten auf 116°C erhitzen und einkochen lassen. Den heißen Sirup in eine hitzebeständige Schüssel füllen und 5 Minuten leicht abkühlen lassen, dabei ab und an mit einem Holzkochlöffel vorsichtig umrühren. Abschließend einige Minuten kräftig glatt rühren.

- Das Ganze in der vorbereiteten Form verteilen und mindestens 2–3 Stunden bei Raumtemperatur abkühlen lassen.

- Die fest gewordene Masse vorsichtig auf ein Schneidebrett stürzen und mit dem Messer in Stücke teilen. In einem luftdicht verschlossenen Gefäß sind die Leckereien im Kühlschrank bis zu 3 Wochen haltbar.

Fudge mit Zartbitterschokolade

& kandierter Orangenschale

Vorbereitung: 10 Minuten • Kochzeit: 25–30 Minuten
Ruhezeit: mindestens 2–3 Stunden
Ergibt 20–24 Stück

neutrales Pflanzenöl, zum Fetten
450 g Kristallzucker
125 g Sahne
65 ml heller Zuckerrohrsirup
65 ml ungesüßte Kondensmilch
75 g Butter
70 g Zartbitterkuvertüre, (mind. 70 % Kakaoanteil), gehackt
75 g kandierte Orangenschalen (Rezept siehe Seite 232), gehackt

AUSSTATTUNG:

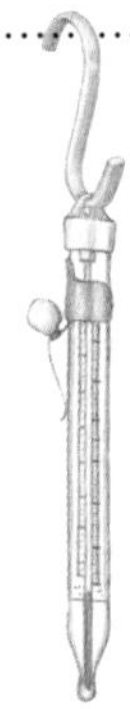

• Eine Kastenform mit 450 ml Fassungsvermögen leicht fetten und mit Backpapier auslegen.

• Zucker, Sahne, hellen Zuckerrohrsirup, Kondensmilch und Butter in einem Topf mit dickem Boden unter Rühren mäßig erhitzen, bis sich der Zucker aufgelöst hat.

• Das Zuckerthermometer in den Topf stellen und den Sirup zum Kochen bringen. 40 g der gehackten Kuvertüre hinzufügen und die Masse in etwa 15 Minuten auf 116°C erhitzen und einkochen. In eine hitzebeständige Schüssel füllen und 5 Minuten leicht abkühlen lassen. Die Mischung mit einem Holzkochlöffel vorsichtig umrühren, während sie weiter abkühlt. Abschließend einige Minuten kräftig glatt rühren.

• 50 g der kandierten Orangenschalen untermischen. Das Ganze in die vorbereitete Form füllen. Die restliche Kuvertüre und die Orangenschalen auf der Oberfläche verteilen. Alles mindestens 2–3 Stunden bei Raumtemperatur abkühlen lassen.

• Die fest gewordene Masse vorsichtig auf ein Schneidebrett stürzen und mit dem Messer in Stücke teilen. In einem luftdicht verschlossenen Gefäß sind die Süßigkeiten im Kühlschrank bis zu 3 Wochen haltbar.

Fudge mit Mascarpone
& Macadamianüssen

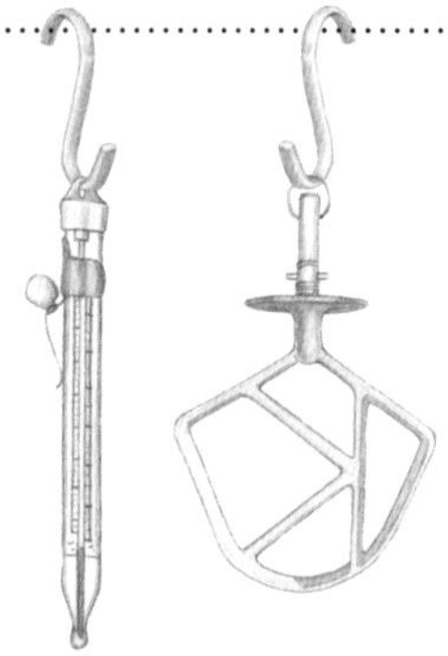

Vorbereitung: 10 Minuten • Kochzeit: 25–30 Minuten
Ruhezeit: 5 Minuten, plus mindestens 2–3 Stunden
Ergibt 20–24 Stück

AUSSTATTUNG:

neutrales Pflanzenöl, zum Fetten
250 g sehr feiner brauner Zucker
200 g Roh-Rohrzucker
200 g Mascarpone
60 ml heller Zuckerrohrsirup
75 g Butter
1 TL Vanilleextrakt
¼ TL Salz
150 g Macadamianusskerne, grob gehackt

* Eine Kastenform mit 450 ml Fassungsvermögen leicht fetten und mit Backpapier auslegen.

* Den braunen Zucker zusammen mit Roh-Rohrzucker, Mascarpone, hellem Zuckerrohrsirup, Butter, Vanilleextrakt und Salz in einem Topf mit dickem Boden unter Rühren mäßig erhitzen, bis sich der Zucker aufgelöst hat.

* Das Zuckerthermometer in den Topf stellen und den Sirup zum Kochen bringen. In etwa 15 Minuten auf 116°C erhitzen und einkochen. Vom Herd nehmen und zum Abkühlen in eine hitzebeständige Schüssel füllen. 5 Minuten abkühlen lassen.

* Die lauwarme Masse in die Schüssel der Standküchenmaschine füllen. Mit dem Rührelement auf mittlerer Stufe vermengen, bis das Ganze angedickt ist und eine gleichmäßige Konsistenz hat. Wenn keine Standküchenmaschine vorhanden ist, kann die Masse per Hand mit einem Holzkochlöffel kräftig umgerührt werden.

* Die Macadamianusskerne unterheben und die Mischung gleichmäßig in der vorbereiteten Form verteilen. Bei Raumtemperatur 2–3 Stunden abkühlen lassen. Die fest gewordene Masse vorsichtig auf ein Schneidebrett stürzen und mit dem Messer in Stücke teilen. In einem luftdicht verschlossenen Gefäß sind die Leckereien im Kühlschrank bis zu 3 Wochen haltbar.

Barfi

Indische Karamellhäppchen mit Pistazien & Kardamom

Vorbereitung: 10 Minuten • Kochzeit: 40–45 Minuten
Ruhezeit: mindestens 3–4 Stunden, am besten über Nacht
Ergibt 28–30 Stück

neutrales Pflanzenöl, zum Fetten
800 ml gesüßte Kondensmilch
100 g Butter
¼ TL gemahlener Kardamom
150 g Pistazienkerne
etwas Blattgold, zum Dekorieren (optional)

AUSSTATTUNG:

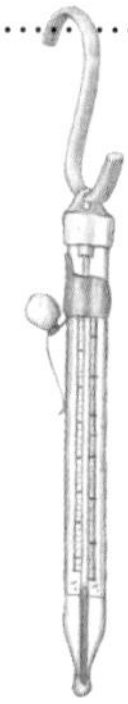

* Eine quadratische Backform à 19 cm leicht fetten und mit Backpapier auslegen.

* Kondensmilch und Butter in einem Topf mit dickem Boden unter ständigem Rühren mäßig erhitzen, bis die Butter geschmolzen ist. Den Kardamom hinzufügen und die Mischung weitere 35–40 Minuten köcheln lassen, bis sie angedickt ist und die Farbe von Karamell hat. Das Zuckerthermometer hineinstellen und alles auf 114 °C erhitzen und einkochen lassen.

* Die Pistazienkerne hinzufügen und unter ständigem Rühren noch 2 Minuten kochen lassen. Das Ganze in die vorbereitete Form gießen. Mindestens 3–4 Stunden abkühlen lassen, am besten über Nacht.

* Die fest gewordene Masse auf ein Schneidebrett stürzen und mit einem Messer in Rauten teilen. Nach Belieben mit Blattgold dekorieren. Diese indische Spezialität ist in einem luftdicht verschlossenen Gefäß bis zu 3 Wochen haltbar.

Pralinen, Trüffel & Schokoladentafeln

Schokoladenkuvertüre temperieren

Tablieren

1 500 g Zartbitterkuvertüre (Callets oder gehackte Kuvertüre von einer Tafel) in eine hitzebeständige Schüssel füllen. Die Schüssel auf einen Topf mit siedendem Wasser stellen. Darauf achten, dass der Boden der Schüssel nicht mit dem Wasser in Kontakt kommt.

2 Die Kuvertüre unter gelegentlichem Rühren vollständig schmelzen und auf 45–50 °C erhitzen (mit dem Thermometer überprüfen). So ist gewährleistet, dass die unterschiedlichen Arten von Zucker- und Fettkristallen gleichmäßig in der Masse verteilt sind. Vollmilchkuvertüre muss auf die gleiche Temperatur, weiße Kuvertüre darf nicht über 45 °C erhitzt werden. Die Kuvertüre darf nicht über die angegebene Gradzahl hinaus erwärmt werden, da sie sonst später nicht gleichmäßig fest wird und Schlieren auf der Oberfläche bekommt.

3 Zwei Drittel der geschmolzenen Kuvertüre auf eine Marmorarbeitsfläche geben, den Rest in der Schüssel über dem heißen Wasserbad lassen.

4 Die Kuvertüre mit der Palette auf der Marmorarbeitsfläche verstreichen und wieder zusammenschieben. Diesen Vorgang wiederholen, bis die Masse etwas angedickt ist und eine Temperatur von 28–29 °C hat (26–27 °C bei weißer und Vollmilchkuvertüre).

5 Die Kuvertüre, sobald sie die gewünschte Temperatur hat, zum restlichen Drittel in die Schüssel geben. Gut vermischen und unter Rühren auf 31–32 °C (bzw. 29–30 °C für weiße und Vollmilchkuvertüre) erhitzen. Die Kuvertüre ist nun temperiert. Ist sie nicht warm genug, kann das Ganze über dem heißen Wasserbad vorsichtig erneut bis zur benötigten Temperatur erwärmt werden.

6 Sorgfältig umrühren. Die Kuvertüre sollte nun eine gute Fließfähigkeit haben und schön glänzen. Sie ist temperiert und kann verwendet werden.

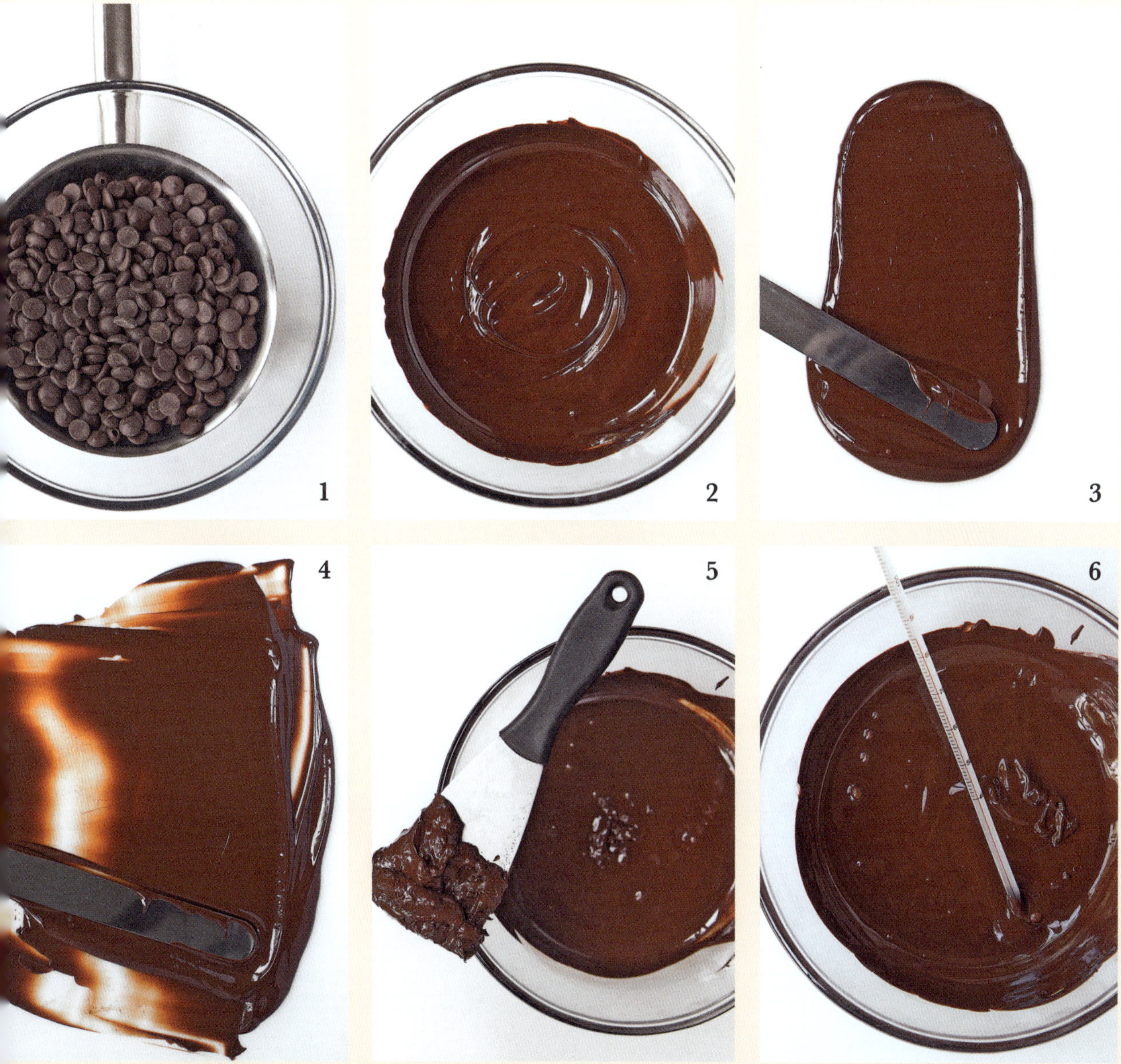
1
2
3
4
5
6

Schokoladenkuvertüre temperieren

Impfmethode

Diese Methode zum Temperieren von Schokoladenkuvertüre wird in der Regel verwendet, wenn mit kleineren Mengen Kuvertüre gearbeitet wird oder wenn keine Marmorarbeitsfläche vorhanden ist.

1 500 g Zartbitterkuvertüre (Callets oder gehackte Kuvertüre von einer Tafel) abwiegen und zwei Drittel in eine hitzebeständige Schüssel füllen. Die Schüssel auf einen Topf mit siedendem Wasser stellen. Darauf achten, dass der Boden der Schüssel nicht mit dem Wasser in Kontakt kommt.

2 Die Kuvertüre unter gelegentlichem Rühren vollständig schmelzen und auf 45–50 °C erhitzen (mit dem Thermometer überprüfen). So ist gewährleistet, dass die unterschiedlichen Arten von Zucker- und Fettkristallen gleichmäßig in der Masse verteilt sind. Vollmilchkuvertüre muss auf die gleiche Temperatur, weiße Kuvertüre darf nicht über 45 °C erwärmt werden. Die Kuvertüre darf in keinem Fall über die angegebene Gradzahl hinaus erhitzt werden, da sie sonst später nicht gleichmäßig fest wird und Schlieren auf der Oberfläche bekommt.

3 Die Schüssel vom Wasserbad nehmen und das letzte Drittel der gehackten Kuvertüre (bzw. der Callets) untermischen. Dies ist das sogenannte »Impfen«.

4 Sorgfältig umrühren, bis alles vollständig geschmolzen ist.

5 Durch das »Impfen« wird die Temperatur der geschmolzenen Kuvertüre so weit gesenkt, dass sie temperiert ist:
Bei Zartbitterkuvertüre müssen 31–32 °C, bei weißer und Vollmilchkuvertüre 29–30 °C erreicht werden. Kühlt das Ganze zu stark ab, kann es unter ständigem Rühren über dem heißen Wasserbad vorsichtig bis auf die benötigte Temperatur aufgewärmt werden.

6 Die Kuvertüre sollte nun eine gute Fließfähigkeit haben und schön glänzen. Sie ist temperiert und kann verwendet werden.

1
2
3
4
5
6

Arbeiten mit temperierter Schokolade

Formen mit Schokolade auskleiden

Für Formen mit 45 kleinen Vertiefungen

1 500 g Schokoladenkuvertüre nach Wahl schmelzen und temperieren (siehe Seite 126–129). Die erwärmte Kuvertüre mit einer Schöpfkelle in die Vertiefungen füllen, sodass sie vollständig gefüllt sind.

2 Die Form vorsichtig auf die Arbeitsfläche klopfen, damit keine Luftbläschen in der Kuvertüre zurückbleiben. Überprüfen, dass auch alle Vertiefungen vollständig gefüllt sind. Das Ganze nun über der Schüssel mit der geschmolzenen Kuvertüre umdrehen, sodass überschüssige Schokolade ablaufen kann.

3 Die Form wieder richtig herum halten und mit dem Metallspachtel oder der Palette überschüssige Kuvertüre in einem Zug von der Oberfläche entfernen. Die Vertiefungen sollten nun gleichmäßig ausgekleidet sein.

4 Die Form kopfüber 15–20 Minuten auf einem mit Backpapier ausgelegten Backblech ruhen lassen, bis der Inhalt fest geworden ist.

5 Sobald die Kuvertüre vollständig erstarrt ist, können die Hohlkörper je nach Bedarf bis kurz unter den Rand gefüllt oder aus den Vertiefungen gelöst und als Schokoladenschälchen verwendet werden.

6 Um gefüllte Hohlkörper zu versiegeln, die temperierte Kuvertüre gleichmäßig auf jede einzelne Füllung geben. Überschüssige Kuvertüre in einem Zug mit der Palette von der Form streichen. An einem kühlen, trockenen Ort 3–4 Stunden ruhen lassen. Wenn die Kuvertüre vollständig erstarrt ist, die Form wenden und gegebenenfalls leicht auf die Arbeitsfläche klopfen, damit sich die fertigen Pralinen lösen.

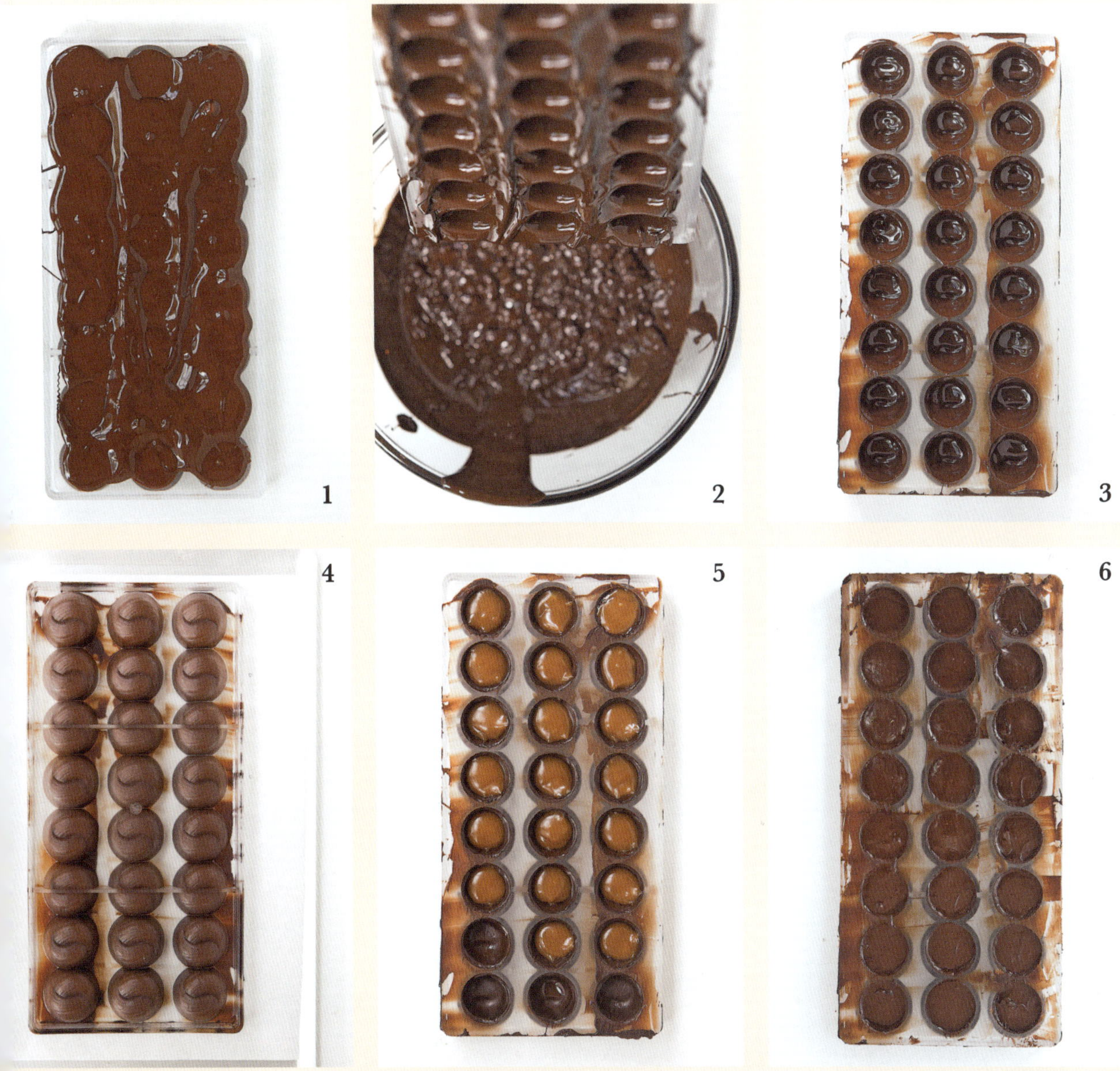
1
2
3
4
5
6

Überziehen mit Schokolade

1 500 g Schokoladenkuvertüre nach Wahl schmelzen und temperieren (siehe Seite 126–129). Eine spezielle Pralinentauchgabel bereitlegen.

2 Das zu überziehende Konfekt mithilfe der Tauchgabel vollständig in die temperierte Kuvertüre tauchen.

3 Die Zinken unter das Konfekt schieben und es vorsichtig aus der Kuvertüre heben. Über der Schüssel auf und ab bewegen, damit überschüssige Kuvertüre abtropfen kann.

4 Mit einer zweiten, sauberen Pralinentauchgabel überschüssige Kuvertüre vom Boden des Konfekts streichen.

5 Die einzelnen Stücke vorsichtig auf ein mit Backpapier ausgelegtes Backblech setzen und die Tauchgabel darunter hervorziehen.

6 Den Vorgang für weitere Konfektstückchen wiederholen und sie dekorieren wie im Rezept angegeben.

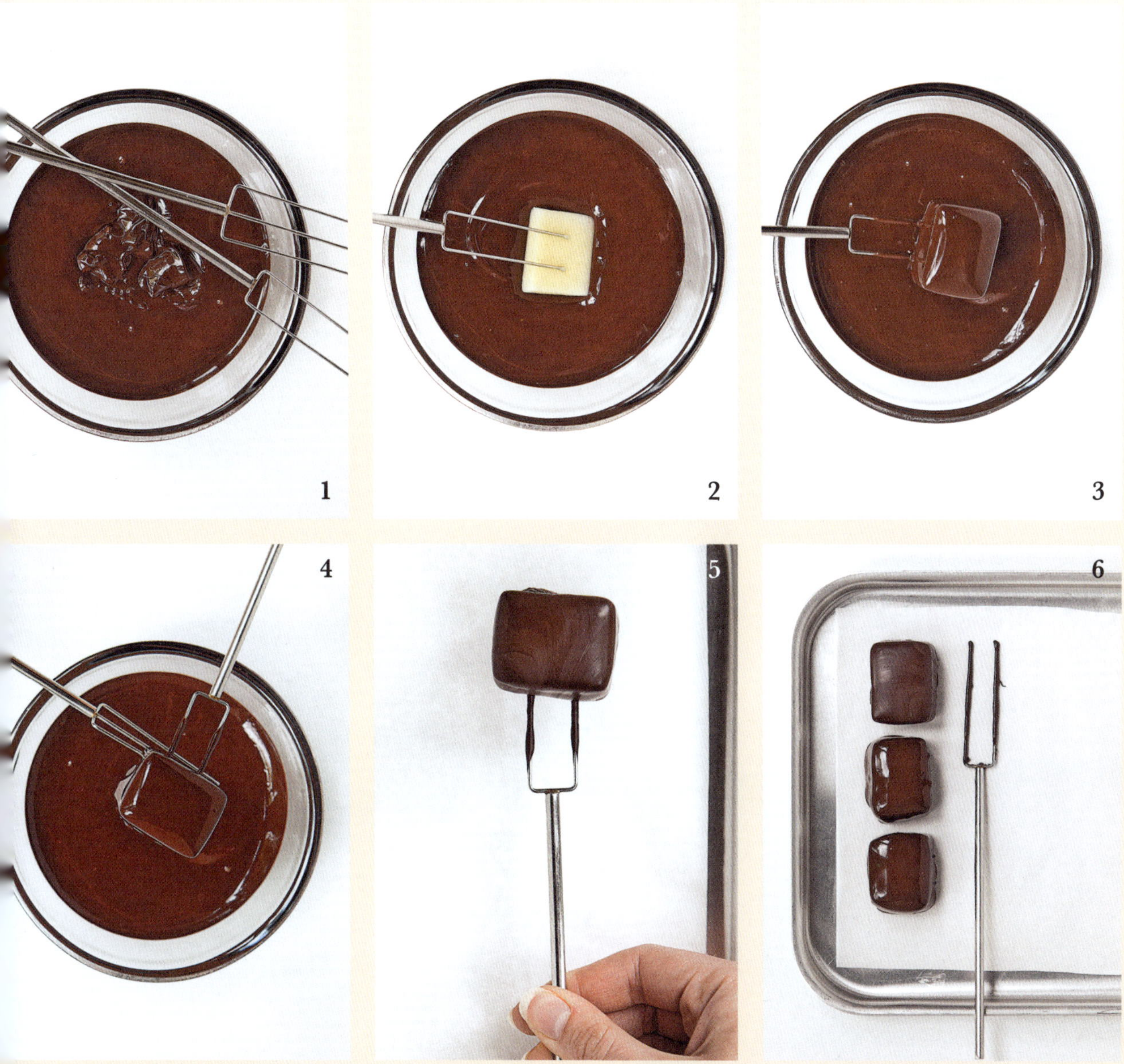
1
2
3
4
5
6

Grundrezept

Zartbitterschokoladen-Ganache

1 250 g Zartbitterkuvertüre (mind. 70 % Kakaoanteil), fein gehackt oder Callets, in eine große, hitzebeständige Schüssel füllen.

2 200 g Sahne aufkochen und gleich vom Herd nehmen.

3 Die heiße Sahne über die Kuvertüre in der Schüssel gießen.

4 Sorgfältig umrühren, damit sich die Schokolade vollständig auflöst.

5 30 g gewürfelte Butter nach und nach hinzufügen. Nach jeder Portion umrühren, bis sich die Butter vollständig in der Masse aufgelöst hat. Dann erst das nächste Stück untermischen.

6 Die Ganache ist fertig, wenn die Masse vollkommen homogen ist und schön glänzt. Für die Weiterverarbeitung zu Trüffeln mindestens 4 Stunden ruhen und andicken lassen. Die Ganache kann außerdem zum Überziehen von Torten oder zum Garnieren von Pralinen verwendet werden.

1

2

3

4

5

6

Schnittpralinen

mit weißer Schokolade & Kaffee

Vorbereitung: 30 Minuten • Kochzeit: 5 Minuten
Ruhezeit: über Nacht plus mindestens 4 ½ Stunden
Ergibt 40 Pralinen

500 g weiße Kuvertüre, gehackt oder Callets
350 g Sahne
50 g Butter, gewürfelt
2 TL Instantkaffeepulver
500 g Zartbitterkuvertüre (mind. 70 % Kakaoanteil), temperiert (siehe Seite 126–129)
etwa 40 Kaffeebohnen, zum Dekorieren

AUSSTATTUNG:

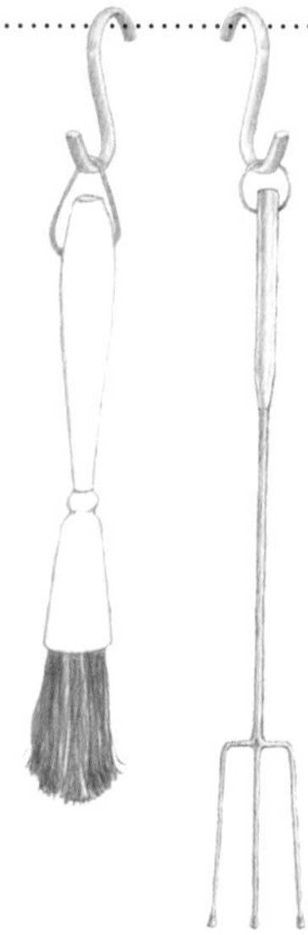

- Zwei Backbleche à 30 x 21 cm mit Backpapier auslegen.

- Die weiße Kuvertüre in eine große, hitzebeständige Schüssel füllen.

- Die Sahne aufkochen und gleich über die weiße Kuvertüre gießen. Sorgfältig umrühren, bis die Kuvertüre geschmolzen ist. Die Butter nach und nach vollständig untermischen, bis eine glatte, glänzende Ganache entstanden ist.

- Diese auf zwei Schüsseln verteilen. Unter eine Portion das Instantkaffeepulver mischen. Zwei Esslöffel der einfachen weißen Ganache beiseitestellen.

- Die beiden Portionen Ganache jeweils auf einem der vorbereiteten Bleche verteilen. 30 Minuten ruhen lassen.

- Die kleine Portion weißer Ganache mit einem Kochpinsel auf die Oberfläche der Kaffee-Ganache streichen. (Wenn nötig, kann die Ganache dafür zunächst über einem Wasserbad aufgewärmt werden.) Die erstarrte weiße Ganache mithilfe des Backpapiers vorsichtig auf die Kaffee-Ganache stürzen und leicht andrücken, damit die beiden Lagen gut aufeinanderhaften. Das Backpapier entfernen und das Ganze über Nacht an einem kühlen, trockenen Ort fest werden lassen.

- Die Ganache in quadratische Stücke schneiden und mithilfe einer Pralinentauchgabel mit temperierter Zartbitterkuvertüre überziehen (siehe Seite 132). Die Pralinen mit je einer Kaffeebohne dekorieren und mindestens 4 Stunden ruhen lassen. An einem kühlen, trockenen Ort sind sie bis zu 5 Tage haltbar.

Schnittpralinen

mit Milchschokolade & gerösteten Erdnüssen

Vorbereitung: 25–30 Minuten • Kochzeit: 5 Minuten
Ruhezeit: über Nacht plus mind. 4 Stunden
Ergibt 40 Pralinen

100 g Erdnüsse, geröstet, plus mehr zum Dekorieren

500 g Vollmilchkuvertüre, gehackt oder Callets

400 g Sahne

50 g Butter, gewürfelt

½ TL feines Meersalz

500 g Zartbitterkuvertüre (mind. 70 % Kakaoanteil), temperiert (siehe Seite 126–129)

AUSSTATTUNG:

- Ein Backblech à 30 x 21 cm mit Backpapier auslegen.

- 100 g geröstete Erdnüsse im Standmixer mit der Impulsstufe fein pürieren. Die Vollmilchkuvertüre in eine hitzebeständige Schüssel füllen.

- Die Sahne aufkochen und gleich über die Vollmilchkuvertüre gießen. Sorgfältig umrühren, bis die Schokolade vollständig geschmolzen ist. Die gewürfelte Butter nach und nach unterrühren. Die gehackten Erdnüsse und das Salz gleichmäßig untermischen. Die Ganache auf dem vorbereiteten Blech verteilen und über Nacht fest werden lassen.

- Die erstarrte Ganache in quadratische Stücke schneiden und mithilfe einer Pralinentauchgabel mit temperierter Zartbitterkuvertüre überziehen (siehe Seite 132). Die restlichen Erdnüsse grob hacken und auf die Pralinen verteilen. Diese mindestens 4 Stunden ruhen lassen. An einem kühlen, trockenen Ort sind sie bis zu 5 Tage haltbar.

Schnittpralinen

mit Zartbitterschokolade & kandierter Orangenschale

Vorbereitung: 25–30 Minuten • Kochzeit: 5 Minuten
Ruhezeit: über Nacht plus mind. 4 Stunden
Ergibt 40 Pralinen

50 g kandierte Orangenschalen (siehe Rezept Seite 232), plus mehr zum Dekorieren

500 g Zartbitterkuvertüre (mind. 70 % Kakaoanteil), gehackt oder Callets

400 ml Orangensaft

50 g Butter, gewürfelt

500 g Zartbitterkuvertüre (mind. 70 % Kakaoanteil), temperiert (siehe Seite 126–129), zum Überziehen

AUSSTATTUNG:

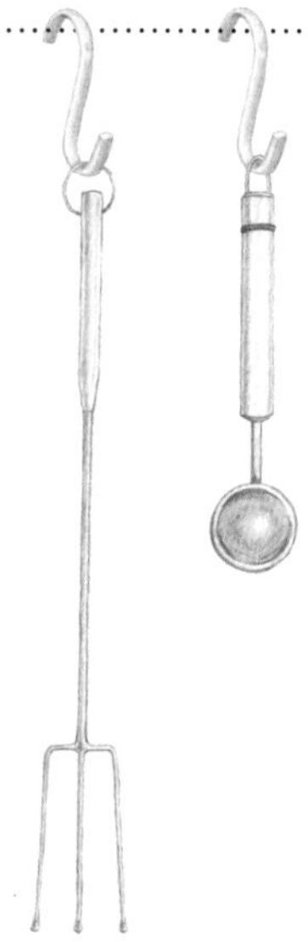

- Ein Backblech à 30 x 21 cm mit Backpapier auslegen.

- 50 g der kandierten Orangenschalen fein hacken und beiseitestellen. Die gehackte Zartbitterkuvertüre in eine hitzebeständige Schüssel füllen.

- Den Orangensaft aufkochen und gleich über die gehackte Kuvertüre in der Schüssel gießen. Sorgfältig umrühren, bis die Schokolade ganz geschmolzen ist. Die Butter stückchenweise hinzufügen und jeweils vollständig untermischen. Abschließend die gehackten kandierten Orangenschalen unterheben. Die Ganache gleichmäßig auf dem vorbereiteten Blech verteilen und über Nacht ruhen lassen.

- Aus der erstarrten Ganache mithilfe eines Kugelausstechers (für Melonen) kleine Kugeln entnehmen. Alternativ kann sie einfach in quadratische Stücke geschnitten werden. Die einzelnen Portionen mittels Pralinentauchgabel mit temperierter Zartbitterschokolade überziehen (siehe Seite 132).

- Mit feinen Streifen kandierter Orangenschale dekorieren und mindestens 4 Stunden ruhen lassen. Kühl und trocken gelagert sind die Pralinen bis zu 5 Tage haltbar.

Schokoladenschälchen

mit Lavendel-, Matcha- und Erdbeer-Ganache

AUSSTATTUNG:

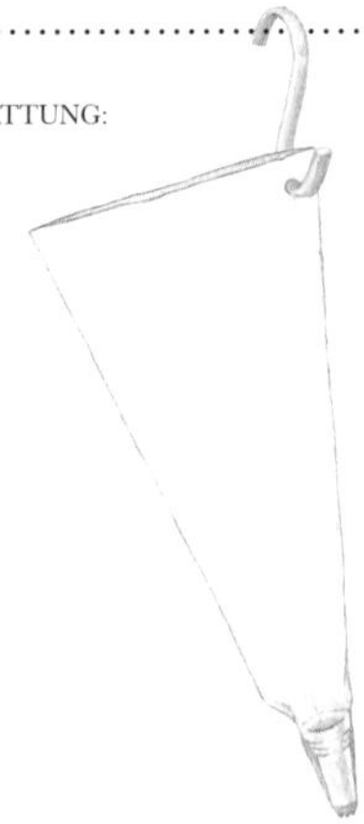

Vorbereitung: 30 Minuten
Kochzeit: 10 Minuten • Ruhezeit: mindestens 2 Stunden
Ergibt 45 Schälchen

45 Schokoladenschälchen (Rezept siehe Seite 130)

LAVENDEL-GANACHE

80 g Sahne
1 TL getrocknete Lavendelblüten, fein zerstoßen
150 g weiße Kuvertüre
15 g Butter
1 Tropfen Speisefarbe, lila

MATCHA-GANACHE

150 g weiße Kuvertüre
80 g Sahne
1 TL Matchapulver
15 g Butter
1 Tropfen Speisefarbe, grün

ERDBEER-GANACHE

150 g weiße Kuvertüre
80 g Sahne
20 g Erdbeerkonfitüre
15 g Butter
1 Tropfen Speisefarbe, rosa

⁕ Für die Lavendel-Ganache die Sahne mit den zerstoßenen Lavendelblüten in einen Topf geben und aufkochen. Vom Herd nehmen und 1 Minute ziehen lassen. Die Kuvertüre in eine hitzebeständige Schüssel füllen. Die heiße Sahne durch ein Sieb über die Kuvertüre gießen. Sorgfältig umrühren, bis die Kuvertüre geschmolzen ist. Die Butter stückchenweise untermischen, gefolgt von der lila Speisefarbe. Glatt rühren. Etwas abkühlen lassen.

⁕ Für die Matcha-Ganache die Kuvertüre in eine hitzebeständige Schüssel geben. Die Sahne aufkochen und gleich über die Kuvertüre gießen. Das Matchapulver untermischen. Sobald die Schokolade vollständig geschmolzen ist, die Butter stückchenweise untermischen, gefolgt von der grünen Speisefarbe. Glatt rühren. Etwas abkühlen lassen.

⁕ Für die Erdbeer-Ganache die Kuvertüre in eine hitzebeständige Schüssel geben. Die Sahne aufkochen und gleich über die Schokolade gießen. Die Erdbeerkonfitüre sorgfältig untermischen. Sobald die Kuvertüre geschmolzen ist, die Butter stückchenweise untermischen, gefolgt von der rosa Speisefarbe. Glatt rühren. Etwas abkühlen lassen.

FERTIGSTELLUNG

Die Ganache kann verwendet werden, wenn sie deutlich abgekühlt, dabei aber noch weich ist. Die drei Sorten separat in mit Sterntülle ausgestattete Spritzbeutel füllen und wie beim Dekorieren von Cupcakes in die Schälchen spritzen. Mindestens 2 Stunden bei Raumtemperatur abkühlen lassen. An einem kühlen, trockenen Ort sind die gefüllten Schokoladenschälchen bis zu 5 Tage haltbar.

Zartbitterschokoladen-Trüffel

Vorbereitung: 30 Minuten
Keine Kochzeit • Ruhezeit: 1 Stunde
Ergibt 40 Trüffel

50 g Kakaopulver, gesiebt, plus mehr zum Wälzen

1 Menge Zartbitterschokoladen-Ganache (Rezept siehe Seite 134)

100 g Zartbitterkuvertüre (mind. 70 % Kakaoanteil), geschmolzen

AUSSTATTUNG:

* Ein Backblech mit Backpapier auslegen.

* Die Hände leicht mit Kakaopulver bestäuben, mit einem Teelöffel Ganache aus der Masse stechen und zu einer Kugel formen. Weitere Portionen entnehmen und rollen, bis die Ganache aufgebraucht ist.

* 50 g Kakaopulver in einen tiefen Teller sieben.

* Die Ganache-Kugeln einzeln mithilfe der Pralinentauchgabel jeweils zur Hälfte in die geschmolzene Kuvertüre tunken. Sofort zwischen den Handflächen rollen, um die Oberfläche gleichmäßig mit Kuvertüre zu überziehen. Anschließend im Kakaopulver wälzen. Was überschüssig ist, vorsichtig abschütteln. Die Trüffel auf dem vorbereiteten Backblech mindestens 1 Stunde an einem kühlen, trockenen Ort ruhen lassen. Kühl und trocken gelagert sind die Trüffel bis zu 5 Tage haltbar.

Schokoladentrüffel

mit Zimt & Chili

Vorbereitung: 20–30 Minuten
Kochzeit: 5 Minuten • Ruhezeit: mindestens 5 Stunden
Ergibt 40 Trüffel

50 g Kakaopulver, gesiebt, plus mehr zum Wälzen
2 TL Chiliflocken
1 ¼ TL gemahlener Zimt
250 g Zartbitterkuvertüre (mind. 70 % Kakaoanteil), gehackt oder Callets
200 g Sahne
4 kleine getrocknete Chilischoten, zerstoßen
30 g Butter, gewürfelt
100 g Zartbitterkuvertüre (mind. 70 % Kakaoanteil), geschmolzen

AUSSTATTUNG:

- Ein Backblech mit Backpapier auslegen.
- Das Kakaopulver in einen tiefen Teller sieben. Die Chiliflocken und 1 TL Zimt untermischen.
- Die gehackte Kuvertüre in eine hitzebeständige Schüssel geben.
- Die Sahne mit den zerstoßenen Chilischoten aufkochen. Vom Herd nehmen und 1 Minute ziehen lassen.
- Die heiße Sahne durch ein Sieb über die Kuvertüre in der Schüssel gießen. Sorgfältig umrühren, bis die Schokolade geschmolzen ist. ¼ TL Zimt hinzufügen, dann die Butter stückchenweise untermischen. Glatt rühren. Bevor die Trüffel geformt werden, die Ganache an einem kühlen Ort mindestens 4 Stunden ruhen lassen.
- Die Hände leicht mit Kakaopulver bestäuben. Mit einem Teelöffel Ganache aus der Masse stechen und zu einer Kugel formen. Weitere Portionen entnehmen und rollen, bis die Ganache aufgebraucht ist. Die Bällchen mit der Pralinentauchgabel jeweils zur Hälfte in die geschmolzene Kuvertüre tauchen und sofort zwischen den Handflächen rollen, um die Oberfläche gleichmäßig mit Kuvertüre zu überziehen. Anschließend sofort in der Kakaomischung wälzen. Was überflüssig ist, vorsichtig abschütteln. Die Trüffel mindestens 1 Stunde auf dem vorbereiteten Backblech an einem kühlen, trockenen Ort ruhen lassen. Kühl und trocken gelagert sind sie bis zu 5 Tage haltbar.

Weiße Trüffel

mit Kardamom, Gewürznelken & Kokosflocken

Vorbereitung: 30 Minuten
Kochzeit: 5 Minuten • Ruhezeit: mindestens 5 Stunden
Ergibt 40 Trüffel

50 g Kokosflocken
250 g weiße Kuvertüre, gehackt oder Callets
180 g Sahne
Samen aus 2 Kapseln Kardamom, zerdrückt
2 Gewürznelken
1 Stück Schale von 1 Bio-Orange
25 g Butter, gewürfelt
Puderzucker, zum Bestäuben
100 g weiße Kuvertüre, geschmolzen

AUSSTATTUNG:

- Ein Backblech mit Backpapier auslegen.

- Die Kokosflocken in einen tiefen Teller geben. 250 g gehackte weiße Kuvertüre in eine hitzebeständige Schüssel füllen.

- Die Sahne mit Kardamom, Gewürznelken und Orangenschale aufkochen. Vom Herd nehmen und 2 Minuten ziehen lassen.

- Die heiße Sahne durch ein Sieb über die weiße Kuvertüre in der Schüssel gießen. Sorgfältig rühren, bis die Schokolade vollständig geschmolzen ist. Die Butter stückchenweise untermischen. Glatt rühren. Bevor die Trüffel geformt werden, die Ganache mindestens 4 Stunden ruhen lassen.

- Die Hände leicht mit Puderzucker bestäuben, mit einem Teelöffel Ganache aus der Masse stechen und zu einer Kugel formen. Weitere Portionen entnehmen und rollen, bis die Ganache aufgebraucht ist. Die Bällchen mit der Pralinentauchgabel jeweils zur Hälfte in die geschmolzene weiße Kuvertüre tauchen und sofort zwischen den Handflächen rollen, um die Oberfläche gleichmäßig mit Kuvertüre zu überziehen. Abschließend in den Kokosflocken wälzen. Was überschüssig ist, vorsichtig abschütteln. Die Trüffel auf dem vorbereiteten Backblech an einem kühlen, trockenen Ort mindestens 1 Stunde ruhen lassen. Kühl und trocken gelagert sind sie bis zu 5 Tage haltbar.

Kirschtrüffel

Vorbereitung: 30 Minuten
Kochzeit: 5 Minuten • Ruhezeit: mindestens 5 Stunden
Ergibt 40 Trüffel

250 g Zartbitterkuvertüre (mind. 70 % Kakaoanteil), gehackt oder Callets
200 g Sahne
30 g Butter, gewürfelt
75 g getrocknete Kirschen
20 g gefriergetrocknete Kirschen (Pulver)
Kakaopulver, zum Wälzen
100 g Zartbitterkuvertüre (mind. 70 % Kakaoanteil), geschmolzen

AUSSTATTUNG:

- Ein Backblech mit Backpapier auslegen. Die gehackte Zartbitterkuvertüre in eine hitzebeständige Schüssel füllen.

- Die Sahne aufkochen, vom Herd nehmen und über die gehackte Kuvertüre gießen. Sorgfältig umrühren, bis die Schokolade geschmolzen ist. Die Butter stückchenweise hinzufügen. Vollständig untermischen. Glatt rühren. Die getrockneten Kirschen unterheben. Bevor die Trüffel geformt werden, die Ganache mindestens 4 Stunden ruhen lassen.

- Das Kirschpulver in einen tiefen Teller füllen.

- Die Hände leicht mit Kakaopulver bestäuben, mit einem Teelöffel Ganache aus der Masse stechen und zu einer Kugel formen. Weitere Portionen entnehmen und rollen, bis die Ganache aufgebraucht ist. Die Bällchen mit der Pralinentauchgabel jeweils zur Hälfte in die geschmolzene Kuvertüre tauchen und sofort zwischen den Handflächen rollen, um die Oberfläche gleichmäßig mit Kuvertüre zu überziehen. Anschließend gleich im Kirschpulver wälzen. Zum Trocknen auf das vorbereitete Backblech setzen. An einem kühlen, trockenen Ort mindestens 1 Stunde ruhen lassen. Kühl und trocken gelagert sind die Trüffel bis zu 5 Tage haltbar.

Pistazien-Minze-Trüffel

Vorbereitung: 30 Minuten
Kochzeit: 5 Minuten • Ruhezeit: mindestens 5 Stunden
Ergibt 40 Trüffel

75 g Pistazienkerne, geröstet
250 g Zartbitterkuvertüre, gehackt oder Callets
200 g Sahne
10 g frische Minzeblättchen, gezupft
30 g Butter, gewürfelt
Kakaopulver, zum Wälzen
100 g Zartbitterkuvertüre (mind. 70 % Kakaoanteil), geschmolzen

AUSSTATTUNG:

* Ein Backblech mit Backpapier auslegen.

* Die gerösteten Pistazienkerne fein hacken und in einen tiefen Teller füllen. Die gehackte Kuvertüre in eine große, hitzebeständige Schüssel füllen.

* Die Sahne zusammen mit den Minzeblättchen aufkochen. Vom Herd nehmen und 2 Minuten ziehen lassen.

* Die heiße Sahne durch ein Sieb über die gehackte Kuvertüre gießen. Sorgfältig umrühren, bis die Schokolade vollständig geschmolzen ist. Die Butter stückchenweise untermischen. Glatt rühren. Bevor die Trüffel geformt werden, mindestens 4 Stunden an einem kühlen, trockenen Ort ruhen lassen.

* Die Hände leicht mit Kakaopulver bestäuben, mit einem Teelöffel Ganache aus der Masse stechen und zu einer Kugel formen. Weitere Portionen entnehmen und rollen, bis die Ganache aufgebraucht ist. Die Bällchen mithilfe der Pralinentauchgabel jeweils zur Hälfte in die geschmolzene Kuvertüre tauchen und sofort zwischen den Handflächen rollen, um die Oberfläche gleichmäßig mit Kuvertüre zu überziehen. Anschließend sofort in den fein gehackten Pistazien wälzen. Mindestens 1 Stunde an einem kühlen, trockenen Ort auf dem vorbereiteten Backblech ruhen lassen. Kühl und trocken gelagert sind die Trüffel bis zu 5 Tage haltbar.

Lollis »Fantasie«

mit weißer Schokolade

Vorbereitung: 30–35 Minuten
Keine Kochzeit • Ruhezeit: mindestens 1 Stunde
Ergibt 15 Lollis

150 g weiße Kuvertüre, temperiert (siehe Seite 126–129)

150 g rosa Kuvertüre, temperiert (siehe Seite 126–129)

DEKORATION NACH BELIEBEN

2 EL schwarze und weiße Sesamsamen, leicht geröstet

3 Schokoladenkekse, zerbröselt

50 g Knuspriger Karamell (Rezept siehe Seite 26), fein gehackt

2 EL bunter Zucker

* Zwei große Backbleche mit Backpapier auslegen. Kreise à 4 cm Durchmesser auf das Backpapier zeichnen. Mit einem Esslöffel die beiden Sorten temperierter Kuvertüre in die Kreise füllen. Jeweils einen Lolli-Stiel in die Mitte legen. Alternativ kann die erwärmte Schokolade in spezielle Silikonformen für Lollis gefüllt und die Stiele können dort hineingelegt werden.

* Die Lollis nach Belieben dekorieren (siehe Vorschläge oben) und mindestens 1 Stunde an einem kühlen, trockenen Ort ruhen lassen, bevor sie vom Backpapier bzw. aus der Form gelöst werden. Kühl und trocken gelagert sind die Lollis 1 Woche haltbar.

HINWEIS: Bunte, aromatisierte Kuvertüre ist im Fachhandel und im Internet erhältlich.

Studentenfutter de luxe

Vorbereitung: 30 Minuten
Keine Kochzeit • Ruhezeit: mindestens 1 Stunde
Ergibt 12 Portionen

20 g Kürbiskerne
20 g Sonnenblumenkerne
20 g Mandelblättchen, geröstet
20 g Pistazienkerne, geröstet
20 g Haselnusskerne, geröstet
30 g getrocknete Aprikosen
30 g getrocknete Cranberrys
40 g getrocknete Feigen
30 g kandierte Orangenschale (Rezept siehe Seite 232)
30 g kandierter Ingwer
300 g Zartbitterkuvertüre (mind. 70% Kakaoanteil), geschmolzen

* Zwei Backbleche mit Backpapier auslegen. Kreise à 4 cm Durchmesser auf das Backpapier zeichnen.

* Kerne, Pistazien und Nüsse grob hacken, die Trockenfrüchte in kleine Würfel schneiden.

* Trockenfrüchte, kandierte Früchte, Nüsse und Kerne in einer Schüssel vermischen. Mit einem Esslöffel temperierte Kuvertüre in die Mitte der Kreise auf dem Backblech geben. Jeweils etwas Studentenfuttermischung darauf streuen und vorsichtig andrücken. Mindestens 1 Stunde an einem kühlen, trockenen Ort ruhen lassen. Kühl und trocken gelagert sind diese Häppchen bis zu 1 Woche haltbar.

Schokoladenriegel

mit Krokant & Puffreis

Vorbereitung: 30–35 Minuten • Kochzeit: 5–10 Minuten
Ruhezeit: 15–20 Minuten, plus 3–4 Stunden
Ergibt 8 Riegel

500 g Zartbitterkuvertüre (mind. 70 % Kakaoanteil), temperiert (siehe Seite 126–129)

100 g Vollmilchkuvertüre, gehackt oder Callets

100 g Krokant (Rezept siehe Seite 216), sehr fein zerstoßen

60 g Puffreis, grob gehackt

AUSSTATTUNG:

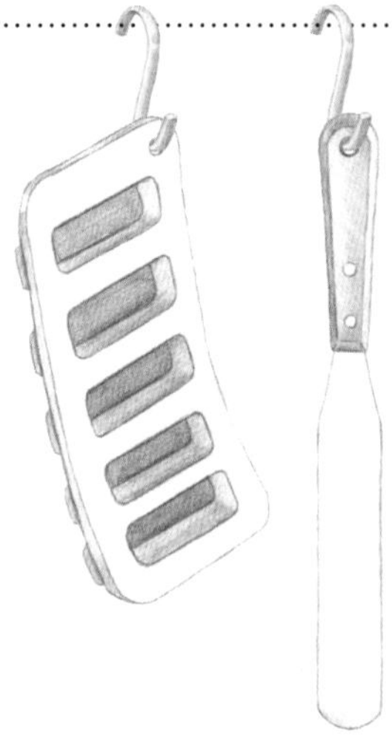

- Ein Backblech mit Backpapier auslegen.

- Die Vertiefungen einer Form für Schokoladenriegel bis zum Rand mit temperierter Kuvertüre füllen und sanft auf die Arbeitsfläche klopfen, damit keine Luftbläschen zurückbleiben. Über einer Schüssel wenden, sodass überschüssiger Inhalt ablaufen kann. Kuvertüre an der Oberfläche der Form mit der Palette in einem Zug entfernen.

- Die ausgekleidete Form umgedreht auf dem vorbereiteten Backblech an einem kühlen, trockenen Ort 15–20 Minuten ruhen lassen.

- Die Vollmilchkuvertüre in einer großen, hitzebeständigen Schüssel über einem heißen Wasserbad schmelzen. Darauf achten, dass der Boden der Schüssel das siedende Wasser nicht berührt.

- Den zerstoßenen Krokant unter die vollständig geschmolzene Kuvertüre mischen. Abkühlen lassen.

- Den Puffreis unter die abgekühlte Masse heben. Mithilfe eines Esslöffels bis kurz unter den Rand in die ausgekleideten Schokoladenriegel-Formen füllen. Die Oberfläche mit der Palette glätten. Sorgfältig mit temperierter Kuvertüre versiegeln. An einem kühlen, trockenen Ort mindestens 3–4 Stunden ruhen lassen.

- Um die Riegel aus den Vertiefungen zu lösen, die Form wenden und vorsichtig auf die Arbeitsfläche klopfen. Die Schokoladenbarren sollten herausgleiten. An einem kühlen, trockenen Ort sind die Schokoladenriegel bis zu 1 Woche haltbar.

Mini-Schokoladendonuts

mit Krokant-Füllung

Vorbereitung: 35–40 Minuten
Kochzeit: 10 Minuten • Ruhezeit 5 ½–6 Stunden
Ergibt 18 Mini-Donuts

AUSSTATTUNG:

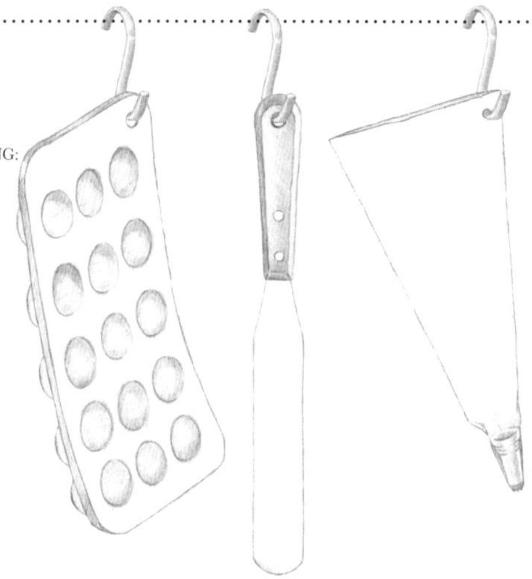

500 g Zartbitterkuvertüre (mind. 70 % Kakaoanteil), temperiert (siehe Seite 126–129)

100 g Vollmilchkuvertüre, gehackt oder Callets

100 g Krokant (Rezept siehe Seite 216), fein zerstoßen

30 g Haselnusskerne, fein gehackt

50 g rosa Kuvertüre, gehackt oder Callets

- Ein Backblech mit Backpapier auslegen.

- Die Vertiefungen einer Form für Mini-Donuts bis zum Rand mit temperierter Kuvertüre füllen. Das Tableau sanft auf die Arbeitsfläche klopfen, um Luftbläschen zu entfernen. Die Form über einer Schüssel wenden, damit überschüssige Schokolade ablaufen kann. Kuvertüre an der Oberfläche des Tableaus in einem Zug mit der Palette entfernen.

- Die ausgekleidete Form 15–20 Minuten umgedreht auf dem vorbereiteten Backblech an einem kühlen, trockenen Ort ruhen lassen.

- Die Vollmilchkuvertüre in einer großen, hitzebeständigen Schüssel über einem heißen Wasserbad schmelzen. Dabei darf der Boden der Schüssel das siedende Wasser nicht berühren. Abkühlen lassen. Krokant und Haselnusskerne untermischen.

- Die abgekühlte Masse bis kurz unter den Rand der Schokoladenhohlkörper in der Form füllen. Die Oberfläche mit der Palette glätten.

- Abschließend mit temperierter Kuvertüre versiegeln. An einem kühlen, trockenen Ort 3–4 Stunden ruhen lassen.

- Die Form wenden und leicht auf die Arbeitsfläche klopfen, um die Mini-Schokoladendonuts daraus zu lösen. Die Kringel auf Backpapier legen.

- Die rosa Kuvertüre vorsichtig schmelzen und in einen kleinen Spritzbeutel füllen. Feine Linien auf die Oberfläche der Mini-Donuts spritzen. Mindestens 1 Stunde fest werden lassen. An einem kühlen, trockenen Ort sind die Schokoladenkringel bis zu 1 Woche haltbar.

Schokoladenschälchen

mit Heidelbeerkonfitüre & Erdnussbutter

Vorbereitung: 30 Minuten
Kochzeit: 20–25 Minuten • Ruhezeit: mindestens 1 Stunde
Ergibt 45 Schälchen

AUSSTATTUNG:

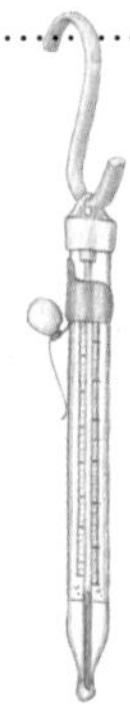

45 Schokoladenschälchen (Rezept siehe Seite 130)
200 g cremige Erdnussbutter (ohne Stückchen)
50 g Puderzucker

KONFITÜRE
200 g Heidelbeeren, zerdrückt
100 g Gelierzucker

* Heidelbeeren und Gelierzucker für die Konfitüre in einem Topf mit dickem Boden unter Rühren mäßig erhitzen, bis sich der Zucker aufgelöst hat. Das Zuckerthermometer in den Topf stellen und die Beerenmasse auf 120°C erhitzen und einkochen lassen (das dauert etwa 20 Minuten). Den Topf vom Herd nehmen und die Konfitüre zum Abkühlen in eine Schüssel füllen.

* Erdnussbutter und Puderzucker zusammen glatt rühren.

* Die Schokoladenschälchen je zu einem Drittel mit der Erdnussbuttermischung füllen. Darauf jeweils eine Lage Heidelbeerkonfitüre verteilen, sodass die Schälchen zu zwei Drittel gefüllt sind. An einem kühlen, trockenen Ort etwa 30 Minuten ruhen lassen. Abschließend bis zum Rand mit Erdnussbuttermischung füllen.

* Sofort genießen oder bis zu 1 Woche an einem kühlen, trockenen Ort aufbewahren.

Knusprige Schokoladenblättchen

mit Minze

Vorbereitung: 30 Minuten
Keine Kochzeit • Ruhezeit: mindestens 2 Stunden
Ergibt 350 g

100 g Karamell (Rezept siehe Seite 214), in Stücken

1 TL Minzaroma

250 g Zartbitterkuvertüre (mind. 70 % Kakaoanteil), temperiert (siehe Seite 126–129)

AUSSTATTUNG:

* Ein Backblech mit Backpapier oder einer Silikonmatte auslegen.

* Die Karamellstückchen im Standmixer sehr fein zerstoßen. Das Minzaroma unter die temperierte Kuvertüre mischen.

* Eine feine Schicht der aromatisierten Kuvertüre auf dem vorbereiteten Backblech verteilen. Die feinen Karamellkrümel gleichmäßig darüberstreuen und die Oberfläche mit der Palette glätten.

* Mit Backpapier oder einer Silikonmatte abdecken und mit einem zweiten Backblech oder einem Schneidebrett beschweren. An einem kühlen, trockenen Ort mindestens 2 Stunden ruhen lassen.

* Wenn die Kuvertüre erstarrt ist, Blech und Backpapier entfernen. Die feine Schokoladenschicht in kleine Stücke brechen. Die Blättchen sind in einem luftdicht verschlossenen Gefäß an einem kühlen, trockenen Ort bis zu 1 Woche haltbar.

Weiße Schokoladenblättchen

mit Sesamsamen

Vorbereitung: 30 Minuten
Kochzeit: 5 Minuten • Ruhezeit: mindestens 2 Stunden
Ergibt 240 g

20 g weiße Sesamsamen
20 g schwarze Sesamsamen
200 g weiße Kuvertüre, temperiert (siehe Seite 126–129)

AUSSTATTUNG:

- Ein Backblech mit Backpapier oder einer Silikonmatte auslegen.
- Die Sesamsamen ohne Fett in einer Pfanne leicht rösten. Abkühlen lassen.
- Die gerösteten Sesamsamen unter die temperierte Kuvertüre mischen. Die Kuvertüre in einer feinen Schicht auf dem vorbereiteten Backblech verteilen.
- Mit Backpapier oder einer Silikonmatte abdecken und mit einem zweiten Backblech oder einem Schneidebrett beschweren. An einem kühlen, trockenen Ort mindestens 2 Stunden ruhen lassen.
- Wenn die Kuvertüre erstarrt ist, Blech und Backpapier entfernen. Die feine Schokoladenschicht in kleine Stücke brechen. Die Blättchen sind in einem luftdicht verschlossenen Gefäß an einem kühlen, trockenen Ort bis zu 1 Woche haltbar.

Pralinen

mit weicher Karamellfüllung

Vorbereitung: 20–25 Minuten
Kochzeit: 10–15 Minuten • Ruhezeit: mindestens 2½ Stunden
Ergibt 40 Pralinen

AUS-STATTUNG:

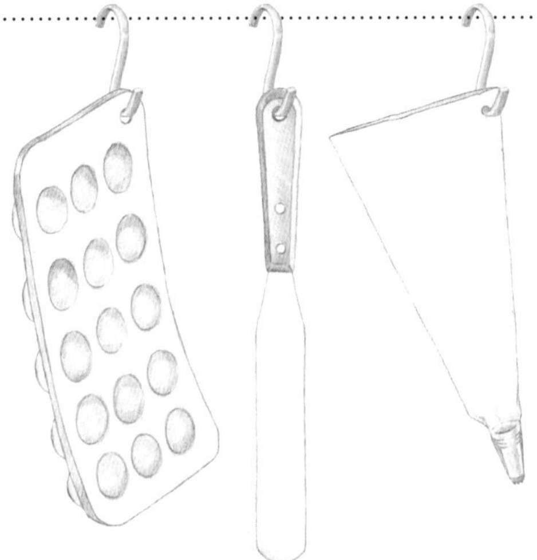

FÜR 400 g WEICHEN KARAMELL
200 g Haushaltszucker
30 g Glukosesirup
120 g Sahne
1 TL Vanilleextrakt
150 g Butter, gewürfelt
500 g Vollmilchkuvertüre, temperiert (siehe Seite 126–129)

- Zucker und Glukosesirup für den Karamell in einem Topf mit dickem Boden 8–10 Minuten mäßig erhitzen, bis sich der Zucker aufgelöst hat und ein goldener Karamell entstanden ist.

- In einem separaten Topf Sahne und Vanilleextrakt aufkochen und dann unter Rühren in einem feinen Strahl zum Karamell gießen. Vom Herd nehmen und die Butter stückchenweise untermischen. An einem kühlen, trockenen Ort etwa 20 Minuten ruhen lassen.

- Die Vertiefungen einer Silikonform für herzförmige Pralinen mit temperierter Vollmilchkuvertüre auskleiden (siehe Seite 130).

- Die abgekühlte Karamellfüllung in einen Spritzbeutel füllen und in die Pralinenhohlkörper in der Form verteilen, sodass sie zu drei Viertel gefüllt sind. Mindestens 15 Minuten ruhen lassen.

- Mit temperierter Kuvertüre versiegeln (siehe Seite 130). An einem kühlen, trockenen Ort mindestens 2 Stunden ruhen lassen. Abschließend die Pralinen aus der Form lösen. In einem luftdicht verschlossenen Gefäß sind sie an einem kühlen, trockenen Ort bis zu 1 Woche haltbar.

Pralinen

mit Karamell-Basilikum-Füllung

Vorbereitung: 20–25 Minuten • Kochzeit: 10–15 Minuten
Ruhezeit: mindestens 2 ½ Stunden
Ergibt 40 Pralinen

120 g Sahne
10 g frisch gezupfte Basilikumblättchen
200 g Haushaltszucker
30 g Glukosesirup
150 g Butter, gewürfelt
500 g Zartbitterkuvertüre (mind. 70 % Kakaoanteil), temperiert (siehe Seite 126–129)

AUSSTATTUNG:

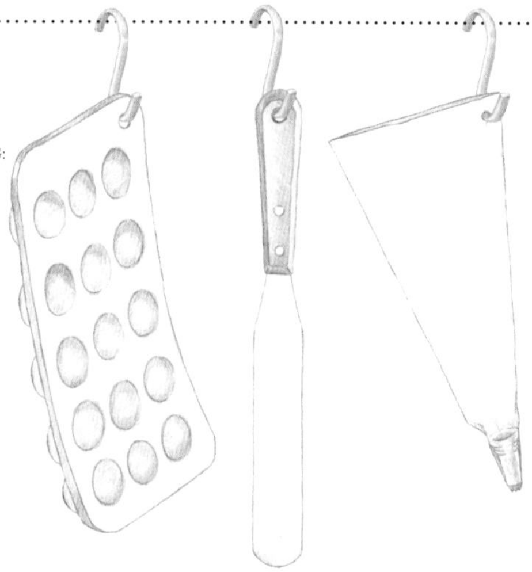

- Sahne und Basilikum in einem Topf mit dickem Boden aufkochen. Vom Herd nehmen. Ein paar Minuten abgedeckt ziehen lassen.

- Inzwischen Zucker und Glukosesirup in einem separaten Topf 8–10 Minuten mäßig erhitzen, bis der Zucker sich aufgelöst hat und ein goldener Karamell entstanden ist. Die aromatisierte Sahne durch ein feines Sieb unter Rühren zum Karamell gießen.

- Vom Herd nehmen und die Butter stückchenweise untermischen. Glatt rühren. An einem kühlen, trockenen Ort etwa 20 Minuten abkühlen lassen.

- Die Vertiefungen einer Silikonform für Pralinen mit temperierter Kuvertüre auskleiden (siehe Seite130).

- Den abgekühlten Karamell mithilfe eines Spritzbeutels in die Pralinenhohlkörper geben, sodass sie zu drei Viertel gefüllt sind. Mindestens 15 Minuten ruhen lassen.

- Die Pralinen mit temperierter Kuvertüre versiegeln (siehe Seite 130) und an einem kühlen, trockenen Ort noch mindestens 2 Stunden ruhen lassen. Aus den Formen lösen. Luftdicht verpackt und kühl gelagert sind die Pralinen bis zu 1 Woche haltbar.

Pralinen
mit Salzkaramellfüllung

Vorbereitung: 20–25 Minuten • Kochzeit: 10–15 Minuten
Ruhezeit: mindestens 2½ Stunden
Ergibt 40 Pralinen

200 g Haushaltszucker
30 g Glukosesirup
120 g Sahne
1 Vanilleschote, halbiert und das Mark herausgekratzt
150 g gesalzene Butter, gewürfelt
500 g Zartbitterkuvertüre (mind. 70 % Kakaoanteil), temperiert (siehe Seite 126–129)

AUSSTATTUNG:

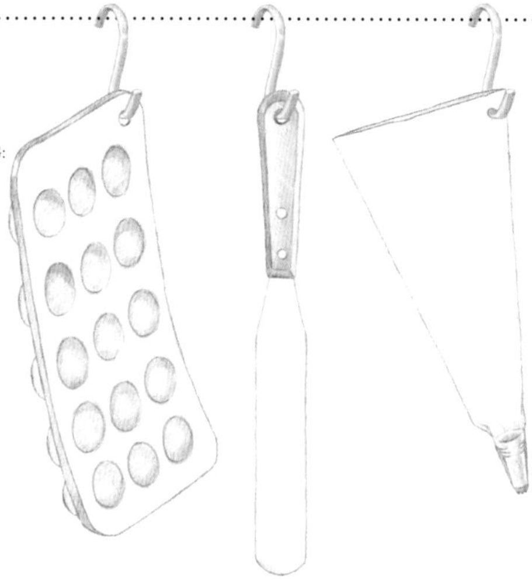

* Zucker und Glukosesirup in einem Topf mit dickem Boden bei mäßiger Hitze in 8–10 Minuten zu einem goldenen Karamell kochen.

* Inzwischen in einem separaten Topf die Sahne mit Vanilleschote und dem herausgekratzten Mark aufkochen. Vom Herd nehmen, die Schote entfernen und die Sahne unter Rühren zum Karamell gießen. Den Karamell vom Herd nehmen und die gesalzene Butter stückchenweise untermischen. An einem kühlen, trockenen Ort etwa 20 Minuten ruhen lassen.

* Die Vertiefungen einer Silikonform für Pralinen mit temperierter Kuvertüre auskleiden (siehe Seite 130).

* Den abgekühlten Salzkaramell mithilfe eines Spritzbeutels in die Pralinenhohlkörper spritzen, sodass sie zu drei Viertel gefüllt sind. Mindestens 15 Minuten ruhen lassen.

* Die Pralinen mit temperierter Kuvertüre versiegeln (siehe Seite 130) und mindestens 2 Stunden an einem kühlen, trockenen Ort ruhen lassen. Abschließend aus der Form lösen. In einem luftdicht verschlossenen Gefäß sind sie an einem kühlen, trockenen Ort bis zu 1 Woche haltbar.

Pralinen

mit Ahornsirup-Karamell

Vorbereitung: 20–25 Minuten • Kochzeit: 10–15 Minuten
Ruhezeit: mindestens 2 ½ Stunden
Ergibt 40 Pralinen

200 g Haushaltszucker
30 g Glukosesirup
60 ml Ahornsirup
70 g Sahne
1 Vanilleschote, halbiert und das Mark herausgekratzt
100 g Butter, gewürfelt
500 g Zartbitterkuvertüre (mind. 70 % Kakaoanteil), temperiert (siehe Seite 126–129)

AUSSTATTUNG:

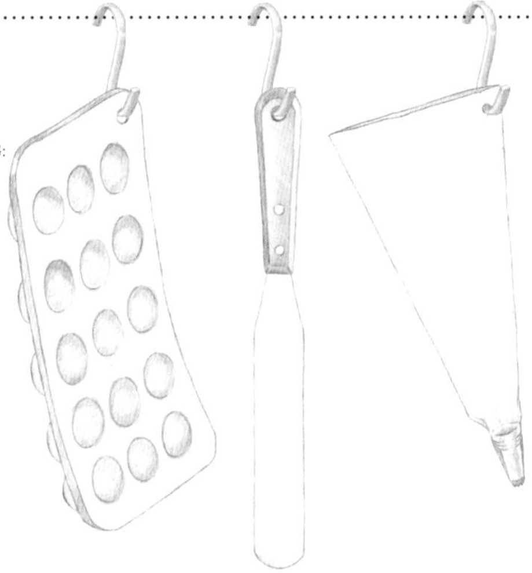

* Zucker und Glukosesirup in einem Topf mit dickem Boden bei mäßiger Hitze in 8–10 Minuten zu einem goldenen Karamell kochen.

* Inzwischen Ahornsirup, Sahne und das Mark der Vanilleschote in einem separaten Topf mit dickem Boden aufkochen. Vom Herd nehmen und unter Rühren zum Karamell gießen. Das Ganze vom Herd nehmen und die Butter stückchenweise untermischen. Etwa 20 Minuten an einem kühlen, trockenen Ort ruhen lassen.

* Die Vertiefungen einer Silikonform für Pralinen mit temperierter Kuvertüre auskleiden (siehe Seite 130).

* Den abgekühlten Karamell mithilfe eines Spritzbeutels in die Pralinenhohlkörper füllen, sodass sie zu drei Viertel gefüllt sind. Mindestens 15 Minuten ruhen lassen.

* Die Pralinen mit temperierter Kuvertüre versiegeln (siehe Seite 130). Mindestens 2 Stunden an einem kühlen, trockenen Ort ruhen lassen. Abschließend aus der Form lösen. In einem luftdicht verschlossenen Gefäß sind sie an einem kühlen, trockenen Ort bis zu 1 Woche haltbar.

Weiße Pralinen

mit Zitrusfrüchte-Karamell

Vorbereitung: 20–25 Minuten • Kochzeit: 20–25 Minuten
Ruhezeit: mindestens 2½ Stunden
Ergibt 40 Pralinen

60 ml Zitronensaft
60 ml Orangensaft
200 g Haushaltszucker
30 g Glukosesirup
80 g Sahne
1 EL Orangenblütenwasser
100 g Butter, gewürfelt
500 g weiße Kuvertüre, temperiert (siehe Seite 126–129)

AUSSTATTUNG:

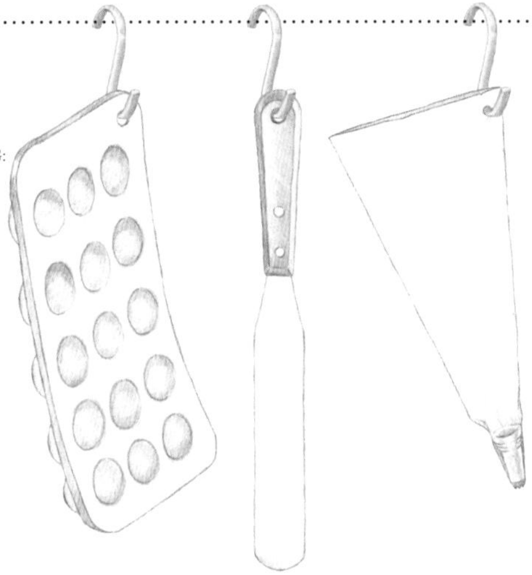

- Zitronen- und Orangensaft in einem kleinen Topf erhitzen. Köcheln lassen, bis die Flüssigkeit um die Hälfte reduziert ist.
- Zucker und Glukosesirup in einem Topf mit dickem Boden bei mäßiger Hitze in 8–10 Minuten zu einem goldenen Karamell kochen.
- Die Sahne inzwischen in einem separaten Topf aufkochen und dann unter Rühren zum Karamell gießen. Den reduzierten Zitrusfrüchtesaft und das Orangenblütenwasser sorgfältig untermischen. Vom Herd nehmen und die Butter stückchenweise untermischen. Glatt rühren. Etwa 20 Minuten an einem kühlen, trockenen Ort ruhen lassen.
- Die Vertiefungen einer Silikonform für Pralinen mit temperierter weißer Kuvertüre auskleiden (siehe Seite 130).
- Den abgekühlten Karamell mit einem Spritzbeutel in die Pralinenhohlkörper spritzen, sodass sie zu drei Viertel gefüllt sind. Mindestens 15 Minuten ruhen lassen.
- Die Pralinen mit temperierter weißer Kuvertüre versiegeln (siehe Seite 130) und mindestens 2 Stunden an einem kühlen, trockenen Ort ruhen lassen. Abschließend aus der Form lösen. In einem luftdicht verschlossenen Gefäß sind sie an einem kühlen, trockenen Ort bis zu 1 Woche haltbar.

Tafelschokolade

mit Karamell & Fleur de Sel

Vorbereitung: 30 Minuten • Keine Kochzeit
Ruhezeit: mindestens 4 Stunden, am besten über Nacht
Ergibt 2 große oder 4 kleine Tafeln

400 g Vollmilch- oder Zartbitterkuvertüre, temperiert (siehe Seite 126–129)

100 g Karamell (Rezept siehe Seite 214), grob gehackt

2 TL Fleur de Sel

AUSSTATTUNG:

- Die Vertiefungen der Form für Schokoladentafeln bis unter den Rand mit temperierter Kuvertüre füllen. Das Tableau sanft auf die Arbeitsfläche klopfen, um Luftbläschen aus der Füllung zu entfernen. Die Palette oder einen breiten Spachtel über die Oberfläche ziehen, um überschüssige Kuvertüre zu entfernen.

- Karamellstückchen und Fleur de Sel auf den Tafeln verteilen. An einem kühlen, trockenen Ort mindestens 4 Stunden ruhen lassen, am besten über Nacht.

- Die Schokoladentafeln vorsichtig aus der Form lösen. An einem kühlen, trockenen Ort sind sie bis zu 1 Woche haltbar.

Tafelschokolade

mit Banane & Toffee

Vorbereitung: 30 Minuten • Keine Kochzeit
Ruhezeit: mindestens 4 Stunden, am besten über Nacht
Ergibt 2 große oder 4 kleine Tafeln

60 g Vanille-Fudge (Rezept siehe Seite 116)

400 g Vollmilchkuvertüre, temperiert (siehe Seite 126–129)

50 g Bananenchips

30 g Haferkekse, zerkrümelt

AUSSTATTUNG:

* Den Vanille-Fudge in kleine Würfel schneiden und beiseitestellen.

* Die Vertiefungen der Form für Schokoladentafeln bis unter den Rand mit temperierter Kuvertüre füllen. Sanft auf die Arbeitsfläche klopfen, damit keine Luftbläschen in der Füllung bleiben. Die Palette oder einen breiten Spachtel über die Oberfläche ziehen, um überschüssige Kuvertüre zu entfernen.

* Bananenchips und Fudge-Stückchen auf der Schokolade verteilen. Kekskrümel darüberstreuen. An einem kühlen, trockenen Ort mindestens 4 Stunden ruhen lassen, am besten über Nacht.

* Die Schokoladentafeln vorsichtig aus den Formen lösen. An einem kühlen, trockenen Ort sind sie luftdicht verpackt bis zu 1 Woche haltbar.

Rocky Road

Schokolade mit Marshmallows & Keksen

Vorbereitung: 15 Minuten • Kochzeit: 10 Minuten
Ruhezeit: mindestens 4 Stunden, am besten über Nacht
Ergibt 16 Stück

neutrales Pflanzenöl, zum Fetten
30 g Pistazienkerne
150 g Butterkekse
100 g Marshmallows (Rezept siehe Seite 86)
50 g Belegkirschen
300 g Zartbitterkuvertüre (mind. 70 % Kakaoanteil)
120 g Butter
45 ml heller Zuckerrohrsirup

- Eine quadratische Backform à 19 cm leicht fetten und mit Backpapier auslegen.

- Die Pistazienkerne in einer Pfanne ohne Fett leicht rösten. Beiseitestellen. Die Kekse in Stücke brechen, die Marshmallows in kleine Würfel schneiden und die Belegkirschen halbieren.

- Kuvertüre, Butter und hellen Zuckerrohrsirup in einem Topf mit dickem Boden sanft erhitzen. Dabei häufig umrühren. Sobald eine glatte Masse entstanden ist, den Topf vom Herd nehmen. Pistazienkerne, Keksstückchen, Marshmallows und Kirschen untermischen.

- Die Masse in der vorbereiteten Form verteilen. Abgedeckt im Kühlschrank fest werden lassen, mindestens 4 Stunden, am besten über Nacht.

- Wenn die Masse schön fest geworden ist, kann sie vorsichtig aus der Form gelöst und in quadratische Stücke geschnitten werden. An einem kühlen, trockenen Ort sind die Rocky Roads in einem luftdicht verschlossenen Gefäß bis zu 1 Woche haltbar.

Weiße Tafelschokolade

mit Erdbeeren & rosa Pfeffer

Vorbereitung: 30 Minuten • Keine Kochzeit
Ruhezeit: mindestens 4 Stunden, am besten über Nacht
Ergibt 2 große oder 4 kleine Tafeln

50 g rosa Kuvertüre mit Erdbeergeschmack, geschmolzen

400 g weiße Kuvertüre, temperiert (siehe Seite 126–129)

20 g getrocknete Erdbeeren

1 EL rosa Pfeffer

AUSSTATTUNG:

- Die rosa Kuvertüre in feinen Streifen auf die weiße Kuvertüre gießen und das Ganze leicht vermischen, um einen Marmoreffekt zu erzielen. Die Vertiefungen der Form für Schokoladentafeln bis unter den Rand mit temperierter Kuvertüre füllen. Sanft auf die Arbeitsfläche klopfen, damit keine Luftbläschen in der Füllung bleiben. Die Palette oder einen breiten Spachtel über die Oberfläche ziehen, um überschüssige Kuvertüre zu entfernen.

- Die getrockneten Erdbeeren auf der Schokolade verteilen und den rosa Pfeffer darüberstreuen. An einem kühlen, trockenen Ort mindestens 4 Stunden ruhen lassen, am besten über Nacht.

- Die Schokoladentafeln vorsichtig aus den Formen lösen. Luftdicht verpackt sind sie an einem kühlen, trockenen Ort bis zu 1 Woche haltbar.

Schokolade mit Puffreis,
knusprigem Karamell & Cranberrys

Vorbereitung: 30 Minuten
Keine Kochzeit • Ruhezeit: mindestens 4 Stunden
Ergibt 2 Tafeln

neutrales Pflanzenöl, zum Fetten
50 g Knuspriger Karamell (Rezept siehe Seite 26)
30 g getrocknete Cranberrys
20 g Puffreis
350 g Vollmilchkuvertüre, temperiert (siehe Seite 126–129)

AUSSTATTUNG:

- Zwei Backformen à 15 x 10 cm leicht fetten und mit Backpapier auslegen. Das Papier an den Rändern leicht überstehen lassen, damit sich die Schokolade später besser aus den Formen lösen lässt.

- Den Karamell in kleine Stücke brechen und in einer großen Schüssel mit den Cranberrys und dem Puffreis vermischen.

- Die temperierte Kuvertüre über die trockenen Zutaten gießen und das Ganze gut vermengen.

- Die Masse mit einem Löffel auf die vorbereiteten Formen verteilen. Die Oberfläche glätten. An einem kühlen, trockenen Ort mindestens 4 Stunden fest werden lassen.

- Die Schokolade abschließend aus den Formen lösen. Luftdicht verpackt ist sie an einem kühlen, trockenen Ort bis zu 1 Woche haltbar.

Marzipan

Marzipan

Grundrezept

Vorbereitung: 5 Minuten
Keine Kochzeit • Keine Ruhezeit
Ergibt 450 g

AUSSTATTUNG:

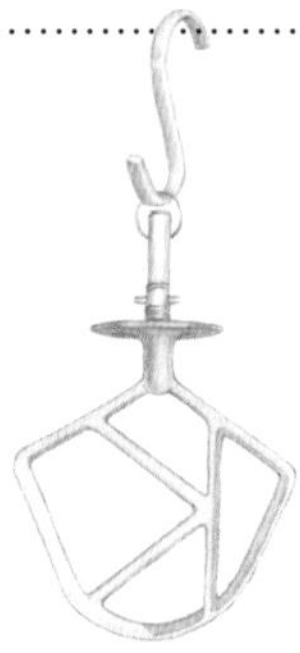

200 g gemahlene Mandeln
200 g Puderzucker, plus mehr zum Bestäuben
2 EL Glukosesirup
50 ml abgekochtes Wasser, abgekühlt
½ TL Mandelextrakt
Speisefarbe (nach Belieben)

* Gemahlene Mandeln und Puderzucker in der Standküchenmaschine mit dem Rührelement einige Sekunden auf der Impuls-Stufe vermengen. Glukosesirup, abgekochtes Wasser und Mandelextrakt hinzufügen. Zu einer homogenen Masse verarbeiten.

* Den Marzipan auf der großzügig mit Puderzucker bestäubten Arbeitsfläche kneten, bis die Masse glatt und formbar ist.

* Der Marzipan kann nach Belieben mit Speisefarbe koloriert und geformt werden. Er dient als Dekoration feiner Torten oder Kuchen und kann auch in Füllungen verarbeitet werden. In einem luftdicht verschlossenen Gefäß ist er 3–4 Wochen haltbar.

Pralinen

mit Pistazien & Marzipan

Vorbereitung: 30 Minuten
Keine Kochzeit • Ruhezeit: mindestens 2¼ Stunden
Ergibt 40 Pralinen

2 TL Sonnenblumenkernöl, plus mehr zum Fetten

100 g Pistazienkerne, plus mehr zum Dekorieren

Puderzucker, zum Bestäuben

450 g Marzipan (Rezept siehe Seite 190)

500 g Zartbitterkuvertüre (mind. 70 % Kakaoanteil), temperiert (siehe Seite 126–129)

AUSSTATTUNG:

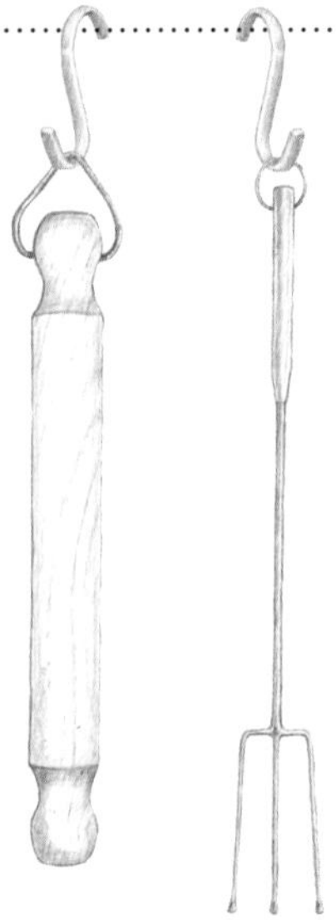

* Zwei Backbleche leicht einfetten und mit Backpapier auslegen.

* Pistazien und 2 TL Öl im Standmixer zu einer glatten Paste verarbeiten.

* Die Arbeitsfläche leicht mit Puderzucker bestäuben. Die Marzipanmasse kurz durchkneten. Die Pistazienpaste hinzufügen und etwa 5 Minuten kräftig kneten, bis eine glatte Masse entstanden ist.

* Die Arbeitsfläche erneut mit Puderzucker bestäuben und die Pistazien-Marzipan-Masse darauf mit dem Rollholz 1 cm dick ausrollen, möglichst in einem Rechteck. Die Seiten sauber abschneiden, sodass eine ordentliche rechteckige Platte entsteht. Auf eines der Backbleche legen und 10 Minuten antrocknen lassen.

* Den Pistazien-Marzipan in quadratische Stücke schneiden und mithilfe der Pralinentauchgabel mit temperierter Kuvertüre überziehen (siehe Seite 132). Kurz abtropfen lassen. Zum Trocknen auf Backpapier setzen.

* Die Pralinen mit Pistazienkernen dekorieren, bevor die Kuvertüre getrocknet ist. Bei Raumtemperatur mindestens 2 Stunden ruhen lassen. An einem kühlen, trocknen und dunklen Ort sind diese Pralinen bis zu 1 Woche haltbar.

Baiser

Grundrezept

Französische Baisermasse

1 Zwei Eiweiße zusammen mit einer Prise Salz in die Schüssel der Standküchenmaschine geben. Die Schüssel muss absolut sauber sein und darf keinerlei Fettrückstände enthalten.

2 Die Eiweiße mit dem Schneebesenelement bei mäßiger Geschwindigkeit locker aufschlagen.

3 Sobald ein lockerer Eischnee entstanden ist, die Geschwindigkeit erhöhen und insgesamt 110 g Puderzucker esslöffelweise hinzufügen. Außerdem unter Rühren noch 1 TL Weißweinessig hinzufügen.

4 Weiter aufschlagen, bis der Eischnee fest ist.

5 Innerhalb von 10 Minuten sollte eine glänzende Baisermasse entstanden sein.

6 Die Baisermasse kann nun verwendet werden. Zum Beispiel kann sie in Formen gespritzt und im vorgeheizten Ofen bei 100°C 1 Stunde getrocknet werden.

1
2
3
4
5
6

Grundrezept

Italienische Baisermasse

1 200 g Haushaltszucker zusammen mit 1 EL Glukosesirup und 2 EL Wasser in einen Topf geben.

2 Mäßig erhitzen, bis der Zucker sich vollständig aufgelöst hat. Das Zuckerthermometer hineinstellen und den Sirup in etwa 10–15 Minuten auf 120°C einkochen.

3 Drei Eiweiße mit einer Prise Salz in die Schüssel der Standküchenmaschine geben. Die Schüssel muss absolut sauber sein und darf keinerlei Fettrückstände enthalten. Mit dem Schneebesenelement bei mäßiger Geschwindigkeit aufschlagen.

4 Aufschlagen, bis ein lockerer Eischnee entstanden ist.

5 Die Geschwindigkeit auf die höchste Stufe einstellen und den Sirup unter Rühren in einem feinen Strahl vorsichtig in den Eischnee laufen lassen.

6 Nach etwa zehn Minuten sollte ein fester, glänzender Eischnee entstanden sein, der vom Aussehen her an Marshmallowmasse erinnert. Italienische Baisermasse kann für die Zubereitung von Omelette surprise (Eiscreme, die umhüllt von Baisermasse gebacken wird) oder zum Dekorieren von Torten und Tartes verwendet werden.

1

2

3

4

5

6

Klassische Baisers

Vorbereitung: 15 Minuten
Kochzeit: 1 Stunde • Ruhezeit: 5–10 Minuten
Ergibt 50–60 Baisers

AUSSTATTUNG:

2 Eiweiß
1 Prise Salz
110 g Haushaltszucker
1 TL Weißweinessig
2 Tropfen Speisefarbe nach Belieben

- Den Backofen auf 100 °C (Ober-/Unterhitze) vorheizen. Ein Backblech mit Backpapier auslegen.

- Die Eiweiße zusammen mit einer Prise Salz in die Schüssel der Standküchenmaschine geben. Die Schüssel muss absolut sauber sein und darf keinerlei Fettrückstände enthalten. Die Eiweiße mit dem Schneebesenelement bei mäßiger Geschwindigkeit locker aufschlagen. Sobald ein lockerer Eischnee entstanden ist, die Geschwindigkeit erhöhen und den Zucker esslöffelweise hinzufügen, gefolgt vom Weißweinessig. Noch etwa 10 Minuten aufschlagen, bis ein fester, glänzender Eischnee entstanden ist. Die Masse in zwei Hälften teilen und nach Belieben mit Speisefarbe einfärben.

- Die kolorierten Baisermassen jeweils in einen mit Sterntülle ausgestatteten Spritzbeutel füllen. Kleine Portionen auf das vorbereitete Backblech spritzen. Für etwa 1 Stunde im vorgeheizten Ofen trocknen, bis die Baisers eine knusprige, glänzende Oberfläche haben.

- Die Baisers auf dem Backblech zum vollständigen Abkühlen auf ein Kuchengitter stellen. In einem luftdicht verschlossenen Gefäß sind sie bis zu 1 Woche haltbar.

Baiserstangen

mit Kaffee & Haselnüssen

Vorbereitung: 15 Minuten
Kochzeit: 1–1½ Stunden • Ruhezeit: 10–15 Minuten
Ergibt 8 Baiserstangen

neutrales Pflanzenöl, zum Fetten
175 g Haushaltszucker
1 TL Instantkaffeepulver
3 Eiweiß
1 Prise Salz
1 TL Weißweinessig
50 g blanchierte Haselnusskerne, geröstet und grob gehackt

AUSSTATTUNG:

100 g Zartbitterkuvertüre (mind. 70 % Kakaoanteil), geschmolzen (optional)

* Den Backofen auf 100°C (Ober-/Unterhitze) vorheizen. Ein Backblech leicht mit Öl fetten und mit Backpapier auslegen. Zucker und Instantkaffeepulver in einer Schüssel vermischen und beiseitestellen.

* Die Eiweiße zusammen mit einer Prise Salz in die Schüssel der Standküchenmaschine geben. Die Schüssel muss absolut sauber sein und darf keinerlei Fettrückstände enthalten. Die Eiweiße mit dem Schneebesenelement bei mäßiger Geschwindigkeit locker aufschlagen. Sobald ein lockerer Eischnee entstanden ist, die Geschwindigkeit erhöhen und die Zucker-Kaffee-Mischung esslöffelweise hinzufügen, gefolgt vom Weißweinessig. Noch etwa 10 Minuten aufschlagen, bis ein fester, glänzender Eischnee entstanden ist.

* Die Hälfte der gerösteten Haselnusskerne mit einem stabilen Teigschaber vorsichtig unterheben.

* Die Baisermasse in einen mit großer Lochtülle ausgestatteten Spritzbeutel füllen und in 10–12 cm langen Bändern auf das vorbereitete Backblech spritzen. Den Rest der Haselnusskerne darauf verteilen. Im vorgeheizten Ofen 1–1½ Stunden backen, bis sich eine trockene, knusprige Oberfläche gebildet hat. Das Backblech mit den Baiserstangen zum Abkühlen auf ein Kuchengitter stellen.

* Sobald die Baisers auf Raumtemperatur abgekühlt sind, können sie nach Belieben mit feinen Streifen geschmolzener Schokolade verziert werden. In einem luftdicht verschlossenen Gefäß sind sie bis zu 1 Woche haltbar.

Süße Champignons

Kleine Baisers mit Schokoladenüberzug

Vorbereitung: 20 Minuten
Kochzeit: 1–1 ½ Stunde • Ruhezeit: 25–30 Minuten
Ergibt 15 Champignons

neutrales Pflanzenöl, zum Fetten
250 g Haushaltszucker
5 g Kakaopulver
3 Eiweiß
1 Prise Salz
1 TL Weißweinessig

AUSSTATTUNG:

100 g Zartbitterkuvertüre (mind. 70 % Kakaoanteil), temperiert (siehe Seite 126–129)
4 EL bunter Kristallzucker

* Den Backofen auf 100°C (Ober-/Unterhitze) vorheizen. Zwei Backbleche leicht fetten und mit Backpapier auslegen.

* Zucker und Kakao vermischen und beiseitestellen.

* Die Eiweiße zusammen mit einer Prise Salz in der Standküchenmaschine mit dem Schneebesenelement bei mäßiger Geschwindigkeit locker aufschlagen. Die Schüssel muss absolut sauber sein und darf keinerlei Fettrückstände enthalten. Sobald ein lockerer Eischnee entstanden ist, die Geschwindigkeit erhöhen und die Zucker-Kakao-Mischung esslöffelweise hinzufügen, gefolgt vom Weißweinessig. Etwa 10 Minuten weiter aufschlagen, bis ein fester, glänzender Eischnee entstanden ist.

* Die Baisermasse in einen mit großer Lochtülle ausgestatteten Spritzbeutel füllen. Auf eines der vorbereiteten Backbleche kleine, spitze Kuppeln als Stiele für die Champignons setzen, indem man den Beutel beim Spritzen senkrecht nach oben zieht. Etwas größere, abgerundete Kuppeln für die Hüte der Pilze auf das zweite Blech spritzen.

* Im vorgeheizten Ofen 1–1 ½ Stunden backen, bis die Baisers eine trockene, knusprige Oberfläche haben. Die Backbleche zum Abkühlen auf zwei Kuchengitter stellen.

* Wenn die Baisers auf Raumtemperatur abgekühlt sind, in die Unterseite der Hüte jeweils vorsichtig ein kleines Loch bohren. Die Oberseite in temperierte Kuvertüre tauchen und mit buntem Zucker bestreuen. 20 Minuten bei Raumtemperatur ruhen lassen. Abschließend die Hüte vorsichtig auf die Stiele setzen. In einem luftdicht verschlossenen Gefäß sind die süßen Champignons bis zu 1 Woche haltbar.

Himbeerbaisers

Vorbereitung: 15 Minuten
Kochzeit: 1–1 ½ Stunde • Ruhezeit: 15–20 Minuten
Ergibt 6 Baisers

AUSSTATTUNG:

neutrales Pflanzenöl, zum Fetten
3 Eiweiß
1 Prise Salz
175 g Haushaltszucker
1 TL Weißweinessig
½ TL natürliches Himbeeraroma
ein klein wenig rosa Speisefarbenpaste oder -gel
3 EL gefriergetrocknete Himbeeren (Pulver), zum Dekorieren (optional)

- Den Backofen auf 100°C (Ober-/Unterhitze) vorheizen. Ein Backblech leicht fetten und mit Backpapier auslegen.

- Die Eiweiße zusammen mit einer Prise Salz in der Standküchenmaschine mit dem Schneebesenelement bei mäßiger Geschwindigkeit locker aufschlagen. Die Schüssel muss absolut sauber sein und darf keinerlei Fettrückstände enthalten. Sobald ein lockerer Eischnee entstanden ist, die Geschwindigkeit erhöhen und den Zucker unter Rühren esslöffelweise hinzufügen, gefolgt vom Weißweinessig. Etwa 10 Minuten weiter aufschlagen, bis ein fester, glänzender Eischnee entstanden ist.

- Himbeeraroma und Speisefarbe zur Baisermasse geben und mit einem stabilen Teigschaber vorsichtig unterheben, sodass ein Marmoreffekt entsteht.

- Die Baisermasse mit einem großen Löffel in sechs Portionen auf das vorbereitete Backblech geben und nach Belieben mit Himbeerpulver bestreuen. Im vorgeheizten Ofen 1–1 ½ Stunden backen, bis die Oberfläche trocken und knusprig ist.

- Das Backblech mit den Baisers zum vollständigen Abkühlen auf ein Kuchengitter stellen. In einem luftdicht verschlossenen Gefäß sind die Baisers bis zu 1 Woche haltbar.

Baiserkuppeln

auf Schokolade

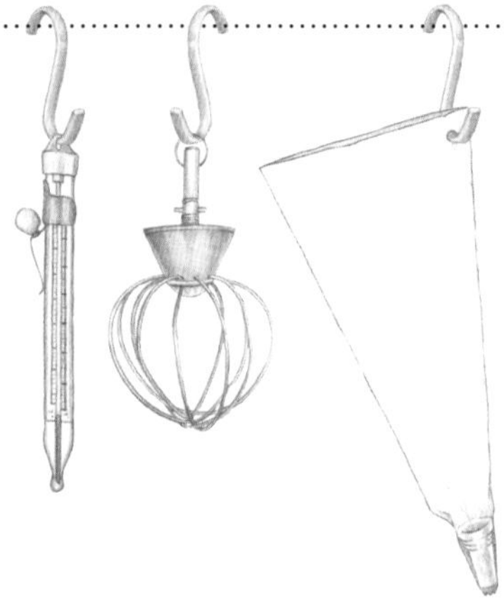

Vorbereitung: 30 Minuten
Kochzeit: 30–40 Minuten • Ruhezeit: 2 ¼ Stunden
Ergibt 20 Baisers

neutrales Pflanzenöl, zum Fetten

400 g Zartbitterkuvertüre (mind. 70 % Kakaoanteil), temperiert (siehe Seite 126–129)

100 g Walnusskerne, plus eine Handvoll zum Dekorieren, gehackt

200 g Haushaltszucker

1 EL Glukosesirup

3 Eiweiß

1 Prise Salz

AUSSTATTUNG:

* Ein Backblech leicht fetten und mit Backpapier auslegen. Mit einem Esslöffel Kreise aus temperierter Schokolade à 4 cm Durchmesser daraufgeben. An einem kühlen, trockenen Ort etwa 2 Stunden fest werden lassen.

* Die Walnusskerne ohne Fett in einer Pfanne leicht rösten. Beiseitestellen.

* Zucker und Glukosesirup mit 2 EL Wasser in einem Topf mit dickem Boden aufkochen. Das Zuckerthermometer in den Sirup stellen und ihn in etwa 20 Minuten auf 120 °C erhitzen und einkochen lassen.

* Die Eiweiße mit einer Prise Salz in der Standküchenmaschine mit dem Schneebesenelement bei mäßiger Geschwindigkeit zu lockerem Eischnee aufschlagen. Unbedingt darauf achten, dass die Schüssel dafür absolut sauber ist.

* Sobald ein lockerer Eischnee entstanden ist, die Geschwindigkeit erhöhen und den Sirup in einem feinen Strahl unter Rühren zum Eischnee laufen lassen. Etwa 10 Minuten weiter aufschlagen, bis der Eischnee fest und glänzend ist und seine Konsistenz an Marshmallowmasse erinnert.

* Die Baisermasse in einen mit runder Lochtülle ausgestatteten Spritzbeutel füllen.

* Die Schokoladenplättchen vorsichtig vom Backpapier lösen und je einen gerösteten Walnusskern auf ihre Mitte legen. Die Baisermasse spiralförmig über die Walnusskerne spritzen, sodass das Ganze aussieht wie kleine Bienenstöcke. Ein paar gehackte Walnusskerne darüberstreuen. Die Spitzen nach Belieben leicht mit einem kleinen Butangasbrenner karamellisieren. Am Tag der Zubereitung verzehren!

Macarons

Vorbereitung: 40–45 Minuten
Kochzeit: 15–20 Minuten • Ruhezeit: 10–15 Minuten
Ergibt 46 Macarons

neutrales Pflanzenöl, zum Fetten
100 g gemahlene Mandeln
100 g Puderzucker
3 Eiweiß
100 g Haushaltszucker
Speisefarbe violett, rosa und grün (je 2 Tropfen)

AUSSTATTUNG:

Erdbeer-, Matcha- und Lavendel-Ganache (Rezepte siehe Seite 142)

* Den Backofen auf 180°C (Ober-/Unterhitze) vorheizen. Eine spezielle Silikonform für Macarons leicht fetten. Alternativ ein Backblech leicht fetten, mit Backpapier auslegen und auf das Backpapier Kreise à 2,5 cm Durchmesser zeichnen.

* Gemahlene Mandeln und Puderzucker im Mixer in kurzen Impulsen vermischen. Die Mischung in eine Schüssel sieben und beiseitestellen.

* Die Eiweiße in der Standküchenmaschine mit dem Schneebesenelement zu lockerem Eischnee aufschlagen. Den Haushaltszucker unter Rühren esslöffelweise hinzufügen. Sobald eine glatte, glänzende Baisermasse entstanden ist, die Puderzucker-Mandel-Mischung mit einem stabilen Teigschaber vorsichtig unterheben. Die Masse auf drei Schüsseln verteilen und jeweils eine der Speisefarben vorsichtig untermischen.

* Die Macaronmassen jeweils in Einmal-Spritzbeutel füllen und in die vorbereitete Form bzw. auf die gezeichneten Kreise spritzen. 5–10 Minuten antrocknen lassen, sodass eine feine Haut auf der Oberfläche der Macarons entsteht.

* Die Macarons in den vorgeheizten Ofen schieben und die Temperatur gleich auf 150°C reduzieren. 15–20 Minuten backen. Die Macarons etwa 5 Minuten abkühlen lassen, wenn sie aus dem Ofen kommen. Aus den Formen bzw. vom Backpapier lösen und zum vollständigen Abkühlen auf ein Kuchengitter setzen.

* Die entsprechende Ganache jeweils auf eine Hälfte der farbigen Macarons spritzen, eine zweite Hälfte daraufsetzen und leicht andrücken. Ohne Füllung können die Macarons bis zu 1 Monat eingefroren werden. Luftdicht verpackt sind sie 1 Woche haltbar.

11

Krokant

Karamell – Trockene Methode

1 Den Zucker in einem Topf mit dickem Boden mäßig erhitzen, bis er vollständig geschmolzen ist.

2 Der geschmolzene Zucker nimmt dabei eine hellgoldene Farbe an.

3 Den Topf vorsichtig hin und her bewegen, um die Hitze gleichmäßig zu verteilen. Weiter erhitzen, bis der Karamell eine intensiv goldene Farbe und eine Temperatur von 160–177 °C hat.

4 Den Topf vom Herd nehmen. Der Karamell kann nun nach Bedarf mit weiteren Zutaten vermischt werden. Soll er pur verwendet werden, den Topf vorsichtig in ein eiskaltes Wasserbad stellen, um den Kochprozess zu unterbrechen.

1
2
3
4

Mandelkrokant

Vorbereitung: 10 Minuten
Kochzeit: 15–20 Minuten • Ruhezeit: 30 Minuten
Ergibt 450 g

150 g Mandelblättchen, geröstet
300 g Haushaltszucker

AUSSTATTUNG:

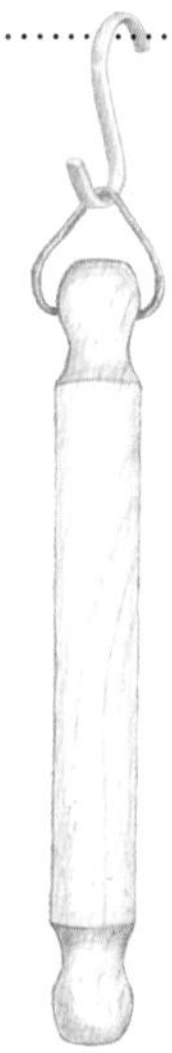

* Ein Backblech mit einer Silikonmatte auslegen. Die Mandelblättchen darauf verteilen.

* Den Zucker in einem Topf mit dickem Boden bei mäßiger Hitze schmelzen. Wenn der geschmolzene Zucker eine hellgoldene Farbe bekommt, den Topf vorsichtig hin und her bewegen, um die Hitze gleichmäßig zu verteilen. Etwa 5 Minuten weiterköcheln lassen, bis ein goldener Karamell entstanden ist.

* Den Karamell über die Mandelblättchen gießen. Darauf achten, dass sie gleichmäßig bedeckt werden.
An einem kühlen, trockenen Ort erstarren lassen.

* Den abgekühlten, erstarrten Karamell mithilfe des Rollholzes in Stücke brechen. In einem luftdicht verschlossenen Gefäß ist der Karamell an einem kühlen trockenen Ort bis zu 2 Wochen haltbar.

REZEPT FÜR MANDELKROKANT-PULVER
(Ergibt 450 g)

* 450 g Mandelkrokant

* Die Mandelkrokant-Stücke in den Standmixer geben. Mit der Impuls-Stufe zerkleinern, bis eine gleichmäßige, sandartige Mischung entstanden ist.

* Das Mandelkrokant-Pulver kann z.B. als Topping für Eiscreme und als Dekoration von Pralinen und feinen Backwaren verwendet werden. In einem luftdicht verschlossenen Gefäß ist es an einem kühlen, trockenen Ort bis zu 2 Wochen haltbar.

Haselnusskrokant

mit Kaffee

Vorbereitung: 10 Minuten
Kochzeit: 15–20 Minuten • Ruhezeit: 30 Minuten
Ergibt 300 g

neutrales Pflanzenöl, zum Fetten
100 g Haselnusskerne, geröstet
200 g Haushaltszucker
1 Instantkaffeepulver

AUSSTATTUNG:

- Ein rechteckiges, hitzebeständiges Tablett à 15 x 21 cm mit Backpapier auslegen und das Papier leicht mit Öl fetten.

- Die gerösteten Haselnusskerne grob hacken und auf dem vorbereiteten Tablett verteilen. Zucker und Instantkaffeepulver in einem Topf mit dickem Boden vermischen und bei mäßiger Hitze schmelzen. Wenn der Zucker eine gelbliche Farbe bekommt, den Topf vorsichtig hin und her bewegen, um die Hitze gleichmäßig zu verteilen. Noch etwa 5 Minuten köcheln lassen, bis ein goldener Karamell entstanden ist. Den Karamell über die Haselnusskerne gießen.

- An einem kühlen, trockenen Ort abkühlen lassen. Bevor der Karamell ganz hart wird, mit einem spitzen Messer quadratische oder rechteckige Stücke darin markieren.

- Den vollständig abgekühlten und erstarrten Karamell mithilfe eines Rollholzes oder per Hand entlang der markierten Linien in Stücke brechen. In einem luftdicht verschlossenen Gefäß ist der Haselnusskrokant an einem kühlen, trockenen Ort bis zu 2 Wochen haltbar.

Erdnuss-Sesam-Krokant

Vorbereitung: 5–10 Minuten
Kochzeit: 20–30 Minuten • Ruhezeit: 30 Minuten
Ergibt 500 g

neutrales Pflanzenöl, zum Fetten
150 g Erdnüsse (ohne Haut)
50 g Sesamsamen
300 g Haushaltszucker

AUSSTATTUNG:

* Ein rechteckiges, hitzebeständiges Tablett à 15 x 21 cm mit Backpapier auslegen und das Papier leicht mit Öl fetten.

* Die Erdnüsse in einer Pfanne ohne Fett leicht anrösten und dann auf dem vorbereiteten Tablett verteilen.

* Die Sesamsamen in der gleichen Pfanne ebenfalls kurz anrösten und dann über die Erdnüsse streuen.

* Den Zucker in einem Topf mit dickem Boden bei mäßiger Hitze schmelzen. Wenn der geschmolzene Zucker eine hellgoldene Farbe bekommt, den Topf vorsichtig hin und her bewegen, um die Hitze gleichmäßig zu verteilen. Etwa 5 Minuten weiterköcheln lassen, bis ein goldener Karamell entstanden ist.

* Den Karamell über die Erdnüsse und Sesamsamen auf dem Tablett gießen, sodass sie gleichmäßig bedeckt sind. 2–3 Minuten abkühlen lassen, dann mit einem spitzen Messer rechteckige Stücke im Karamell markieren, damit der Krokant sich später entlang dieser Linien besser in Stücke brechen lässt (per Hand oder mithilfe des Rollholzes). In einem luftdicht verschlossenen Gefäß ist der Erdnuss-Sesam-Krokant an einem kühlen, trockenen Ort bis zu 2 Wochen haltbar.

12

Gezuckertes

Zuckerkochgrad: Starker Faden

110–113°C

1 Zucker und Wasser zusammen in einen Topf mit dickem Boden geben.

2 Erhitzen, bis sich der Zucker aufgelöst hat.

3 Das Zuckerthermometer in den Topf stellen und den Sirup zum Kochen bringen.

4 Damit der Zucker nicht auskristallisiert, die Innenseiten des Topfes regelmäßig mit einem sauberen Kochpinsel mit klarem Wasser abwischen.

5 Sobald der Sirup eine Temperatur von 110–113°C erreicht hat, spricht man vom Zuckerkochgrad »Starker Faden«.

6 Um den Zuckerkochgrad zu überprüfen, ein wenig Sirup in eiskaltes Wasser tropfen. Reibt man den Sirup dann zwischen den Fingerspitzen und zieht sie auseinander, bildet sich ein feiner Faden, der bis zu 5 cm Länge erreichen kann.

1
2
3
4
5
6

Kandiszucker am Stiel

Vorbereitung: 10 Minuten
Kochzeit: 10–15 Minuten • Ruhezeit: 9–10 Tage
Ergibt 3 große oder 6 kleine Lollis

850 g Kristallzucker
etwas Speisefarbenpaste oder -gel, nach Belieben (pink, blau, grün etc.)

AUSSTATTUNG:

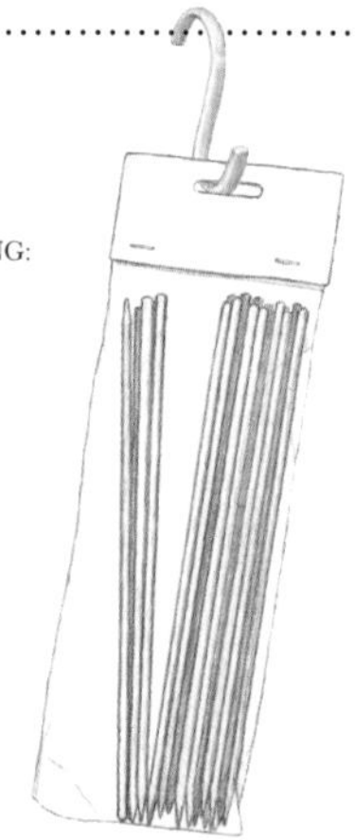

* 800 g des Zuckers mit 480 ml Wasser in einem Topf mit dickem Boden mäßig erhitzen, bis sich der Zucker aufgelöst hat. Zum Kochen bringen und 2–3 Minuten sanft köcheln lassen. Den Topf vom Herd nehmen und den Sirup vollständig abkühlen lassen.

* Die Lolli-Stiele einige Minuten in den Sirup tunken, sodass sie ihn gut aufsaugen, und dann in den übrigen 50 g Kristallzucker wälzen. Auf Backpapier über Nacht oder bis zu zwei Tage vollständig trocknen lassen.

* Für bunten Kandiszucker den restlichen Sirup in mehrere Gefäße verteilen und jeweils mit einer kleinen Menge Speisefarbe nach Belieben kolorieren. (Die Speisefarbe am besten mit einem Zahnstocher dosieren, da wirklich nur sehr wenig benötigt wird.)

* Den Sirup in ein Glas füllen (bzw. in mehrere Gläser, wenn es unterschiedliche Farben gibt) und die Lolli-Stiele mit dem getrockneten Zucker in den Sirup hängen, indem man das nicht mit Zucker überzogene Ende jeweils mit einer Wäscheklammer am Rand des Glases befestigt. Mindestens 7 Tage ruhen lassen, damit der Sirup an den Stielen auskristallisieren kann. Täglich die fortschreitende Kristallisation überprüfen und darauf achten, dass die mit Zucker überzogenen Stellen der Stiele nicht mit dem Glas in Verbindung kommen.

* Wenn sich ausreichend Zuckerkristalle rund um die Stiele gebildet haben, aus dem Sirup entfernen, abtropfen lassen und auf Backpapier über Nacht trocknen lassen. In einem luftdicht verschlossenen Gefäß ist dieser Kandiszucker bis zu 1 Monat haltbar.

Bunte Zuckerstückchen

Vorbereitung: 30 Minuten
Keine Kochzeit • Ruhezeit: über Nacht
Ergibt 60–65 Bonbons

300 g Kristallzucker
etwas Speisefarbenpaste oder -gel, nach Belieben

AUSSTATTUNG:

- Ein Backblech oder zwei mit Backpapier auslegen.

- Den Zucker mit 2 bis 4 EL Wasser in einer Schüssel vermischen. Die Konsistenz des Ganzen sollte der von nassem Sand ähneln.

- Die Mischung auf mehrere Schüsseln verteilen, mithilfe eines Zahnstochers jeweils eine kleine Menge der Speisefarben nach Wahl hinzufügen und sorgfältig untermischen.

- Die farbigen Zuckerpasten jeweils 1 cm dick auf einer sauberen Arbeitsfläche verstreichen.

- Mit kleinen Ausstechformen nach Wahl Bonbons ausstechen. Auf dem mit Backpapier ausgelegtem Blech über Nacht an einem kühlen, trockenen Ort trocknen lassen. In einem luftdicht verschlossenen Gefäß sind diese Bonbons an einem kühlen, trockenen Ort etwa 1 Monat haltbar.

Kristallisierte Früchte und Blüten

Vorbereitung: 20–30 Minuten
Keine Kochzeit • Ruhezeit: mindestens 3 Stunden
Ergibt 30–40 Stück

2 Eiweiß
1 Prise Salz
200 g Haushaltszucker
Verschiedene Früchte und Beeren: Trauben, Kirschen, Heidelbeeren, Erdbeeren, Johannisbeeren etc.
Verschiedene essbare Blütenblätter: Rosenblüten, Stiefmütterchen, Veilchen

AUSSTATTUNG:

* Ein Backblech mit Backpapier auslegen.

* Eiweiße und Salz per Hand leicht mit dem Schneebesen aufschlagen, bis die Masse leicht schaumig ist.

* Den Zucker in einen tiefen Teller füllen.

* Mit einem sauberen Kochpinsel Früchte, Beeren und Blütenblätter rundherum mit einer feinen Eiweißschicht bepinseln und dann gleich im Zucker wenden, sodass sie jeweils vollständig damit bedeckt sind. Überschüssigen Zucker vorsichtig abschütteln und die gezuckerten Früchte, Beeren oder Blütenblätter auf dem vorbereiteten Backblech verteilen. An einem kühlen, trockenen Ort mindestens 3 Stunden trocknen lassen.

* Diese hübschen Leckereien sind die perfekte Dekoration für Pralinen und feine Backwaren. An einem kühlen, trockenen Ort, verpackt in einem luftdicht verschlossenen Gefäß, sind die kristallisierten Blütenblätter bis zu 1 Woche und die Früchte und Beeren 2–4 Tage haltbar.

Kandierte Orangenschalen

Vorbereitung: 20 Minuten
Kochzeit: 1 ½ Stunden • Ruhezeit: 2 Tage
Ergibt 250 g

4 Bio-Orangen
500 g Kristallzucker

* Ein Backblech mit Backpapier auslegen.

* Die Schalen der Orangen mit einem scharfen, spitzen Messer in gleichmäßigem Abstand von oben nach unten einschneiden und dann vorsichtig abziehen. Dabei darauf achten, dass die Schalenviertel intakt bleiben und nichts von der inneren weißen Schicht daran haftet. Die einzelnen Viertel in jeweils 1 cm breite Streifen schneiden.

* Die Orangenschalen-Streifen in einen Topf geben und mit kaltem Wasser bedecken. Aufkochen und 3–4 Minuten sanft köcheln lassen. Das Wasser abgießen, die Orangenschalen mit frischem Wasser bedecken und nochmals so lange köcheln lassen. Den Prozess noch einmal wiederholen und die Schalen dann gut abtropfen lassen. Beiseitestellen.

* Den Zucker mit 500 ml Wasser in einem Topf mit dickem Boden unter Rühren erhitzen, bis sich die Kristalle vollständig aufgelöst haben. Kurz aufkochen, die blanchierten Orangenschalen hinzufügen und bei schwacher Temperatur etwa 1 Stunde sanft köcheln lassen.

* Die Orangenschalen aus dem Sirup entfernen, wenn sie weich und leicht durchscheinend sind. Gut abtropfen lassen und in einer Schicht auf dem vorbereiteten Backblech verteilen. An einem kühlen, trockenen Ort etwa 48 Stunden ruhen lassen. In einem luftdicht verschlossenen Gefäß sind die kandierten Orangenschalen kühl und trocken gelagert bis zu 1 Monat haltbar.

13

Süßes aus Schokolade & Milchbonbons

Haselnusspralinen

mit Puffreis

Vorbereitung: etwa 1 Stunde • Keine Kochzeit
Ruhezeit: etwa 10 Minuten, plus mindestens 2 Stunden
Ergibt 35–40 Pralinen

200 g Puffreis, grob zerstoßen

1 Menge Zartbitterschokoladen-Ganache (Rezept siehe Seite 134)

100 g Haselnusskerne, gehackt

500 g Vollmilchkuvertüre, temperiert (siehe Seite 126–129)

AUSSTATTUNG:

* Zwei Backbleche mit Backpapier auslegen.

* Den Puffreis in einen tiefen Teller geben. Eine teelöffelgroße Portion der Ganache per Hand zu einer Kugel formen. Die Ganache-Kugel im Puffreis wälzen, sodass sie rundherum bedeckt ist. Vorsichtig andrücken. Auf das vorbereitete Backblech legen. Mit dem Rest der Ganache wiederholen. Die Bällchen etwa 10 Minuten ruhen lassen.

* Die gehackten Haselnusskerne unter die temperierte Schokolade mischen.

* Die Ganache-Kugeln mithilfe einer speziellen Pralinentauchspirale vollständig in die temperierte Schokolade tauchen. Kurz abtropfen lassen. Auf dem zweiten vorbereiteten Backblech mindestens 2 Stunden an einem kühlen, trockenen Ort ruhen lassen. In einem luftdicht verschlossenen Gefäß sind diese Pralinen kühl und trocken gelagert bis zu 5 Tage haltbar.

Schokoladen-Minze-Häppchen

Vorbereitung: 20–30 Minuten • Kochzeit: 30–35 Minuten
Ruhezeit: 30–35 Minuten, plus 3–4 Stunden
Ergibt 35–40 Stück

AUSSTATTUNG:

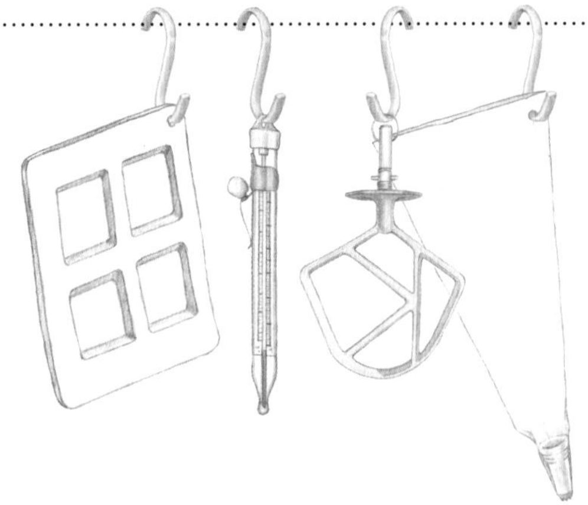

250 g Zartbitterkuvertüre, temperiert (siehe Seite 126–129)

200 g Kristallzucker

1 Glukosesirup

25 g Butter

1 TL Minzeextrakt

- Eine Pralinenform nach Belieben (Silikon oder Polykarbonat) mit der temperierten Kuvertüre auskleiden (siehe Seite 130). 15–20 Minuten ruhen lassen.

- Zucker und Glukosesirup mit 60 ml Wasser in einem Topf mit dickem Boden unter Rühren erhitzen, bis sich die Kristalle aufgelöst haben. Das Zuckerthermometer in den Sirup stellen, diesen auf 121 °C erhitzen und einkochen. Das dauert etwa 20 Minuten.

- Den Topf vom Herd nehmen. Butter und Minzeextrakt untermischen. Die Masse in die Schüssel der Standküchenmaschine füllen und mit dem Rührelement 2–3 Minuten bei mäßiger Geschwindigkeit aufschlagen, bis sie leicht angedickt ist und eine mattweiße Farbe hat.

- Sobald die Masse abgekühlt, aber noch fließfähig ist, mithilfe eines Spritzbeutels bis kurz unter den Rand der ausgekleideten Vertiefungen in der Pralinenform füllen. Etwa 15 Minuten stehen lassen, dann mit temperierter Schokolade versiegeln. Weitere 3–4 Stunden ruhen lassen, dann die Pralinen aus den Formen lösen.

- In einem luftdicht verschlossenen Gefäß sind diese Pralinen bis zu 1 Woche haltbar.

Kokos-Schokoriegel

mit Limette

Vorbereitung: 20 Minuten • Kochzeit: 10 Minuten
Ruhezeit: 15–20 Minuten, plus 3–4 Stunden
Ergibt 8 Riegel

AUSSTATTUNG:

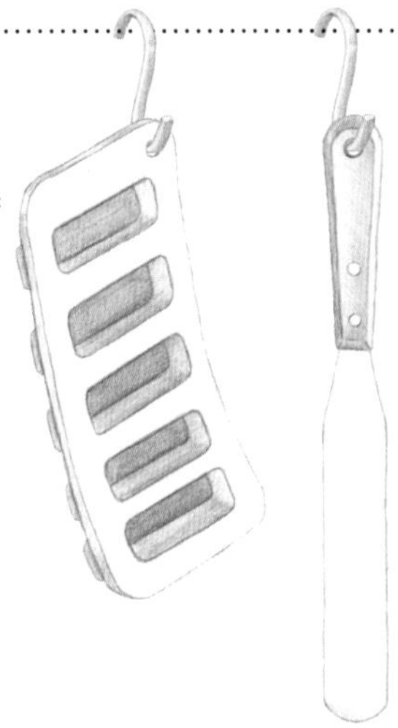

150 g gesüßte Kondensmilch
75 g Glukosesirup
100 g Kokosraspel
Saft und fein abgeriebene Schale von 1 Bio-Limette
500 g Zartbitterkuvertüre (mind. 70 % Kakaoanteil), temperiert (siehe Seite 126–129)

* Kondensmilch und Glukosesirup in einem Topf mit dickem Boden etwa 5 Minuten sanft köcheln lassen. Die Kokosraspel sowie Limettensaft und -schale hinzufügen. Vorsichtig umrühren und noch etwa 2 Minuten köcheln lassen. In eine Schüssel umfüllen und etwa 20 Minuten bei Raumtemperatur abkühlen lassen.

* Die Vertiefungen einer Silikonform für Schokoladenriegel mit temperierter Kuvertüre auskleiden (siehe Seite 130). 15–20 Minuten ruhen lassen.

* Wenn die Kuvertüre erstarrt ist, die ausgekleideten Formen mithilfe eines Teelöffels bis kurz unter den Rand mit der Kokosmischung füllen. Abschließend mit temperierter Kuvertüre versiegeln (siehe Seite 130) und 3–4 Stunden ruhen lassen, bevor die Riegel aus der Form gelöst werden. In einem luftdicht verschlossenen Gefäß sind die Riegel an einem kühlen, trockenen Ort bis zu 1 Woche haltbar.

Erdnuss-Karamell-Riegel

Vorbereitung: 30–40 Minuten • Kochzeit: 10–15 Minuten
Ruhezeit: 35–40 Minuten, plus 3–4 Stunden
Ergibt 8 Riegel

200 g Erdnusskerne, ohne Haut
500 g Vollmilchkuvertüre, temperiert (siehe Seite 126–129)
200 g weicher Karamell (Rezept siehe Seite 168)
200 g purer Nugat (Rezept siehe Seite 96, Nüsse und Trockenfrüchte weglassen)
50 g Vollmilchkuvertüre, geschmolzen

AUSSTATTUNG:

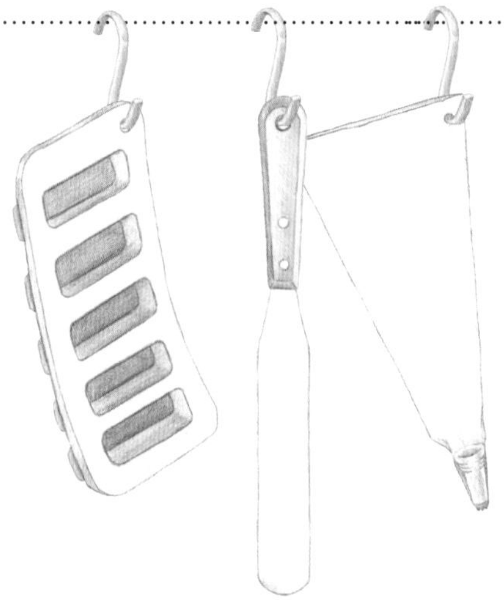

* Den Backofen auf 180°C (Ober-/Unterhitze) vorheizen.

* Die Erdnusskerne auf einem Backblech verteilen und im vorgeheizten Ofen etwa 10 Minuten goldbraun rösten. Beiseitestellen und abkühlen lassen. Die Hälfte der gerösteten Erdnüsse grob hacken.

* Die Vertiefungen einer Silikonform für Schokoladenriegel mit temperierter Kuvertüre auskleiden (siehe Seite 130). 15–20 Minuten ruhen lassen.

* Die gehackten und ganzen Erdnüsse unter die Karamellmasse mischen.

* Wenn die Kuvertüre erstarrt ist, die ausgekleideten Vertiefungen zur Hälfte mit Karamellmasse füllen.

* An einem kühlen, trockenen Ort 10 Minuten ruhen lassen.

* Die Nugatmasse sorgfältig mit 50 g geschmolzener Kuvertüre vermengen. Diese Masse mit einem Einmal-Spritzbeutel bis kurz unter den Rand der ausgekleideten Vertiefungen auf den Karamell spritzen. An einem kühlen, trockenen Ort etwa 10 Minuten fest werden lassen.

* Abschließend mit temperierter Kuvertüre versiegeln (siehe Seite 130) und 3–4 Stunden ruhen lassen, bevor die Riegel aus der Form gelöst werden. In einem luftdicht verschlossenen Gefäß sind die Riegel an einem kühlen, trockenen Ort bis zu 1 Woche haltbar.

Schokoladenriegel

mit Karamell und buttrigem Mürbeteigboden

Vorbereitung: 20 Minuten • Kochzeit: 30–35 Minuten
Ruhezeit: etwa 20 Minuten, plus 3–4 Stunden
Ergibt 18 Schokoladenriegel

neutrales Pflanzenöl, zum Fetten
175 g Butter
75 g Haushaltszucker
225 g Weizenmehl (Type 405)
400 g weicher Karamell (Rezept siehe Seite 168)
500 g Vollmilchkuvertüre, temperiert (siehe Seite 126–129)

AUSSTATTUNG:

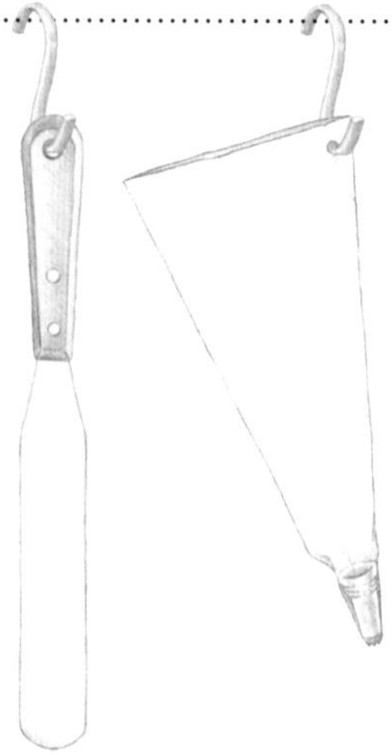

- Den Backofen auf 160 °C (Ober-/Unterhitze) vorheizen. Eine quadratische Backform à 19 cm mit Backpapier auslegen. Ein Backblech leicht fetten und mit Backpapier auslegen.

- In einer großen Schüssel Butter, Zucker und Mehl möglichst zügig zu einem glatten Teig vermengen. Gleichmäßig auf dem Boden der vorbereiteten Form verteilen und mit einer Gabel an mehreren Stellen einstechen.

- Mit einem Messer Stücke à 9,5 x 2 cm im Teig markieren. Im vorgeheizten Ofen 30–35 Minuten backen. In der Backform auf einem Kuchengitter abkühlen lassen.

- Den weichen Karamell in einen Einmal-Spritzbeutel füllen. Bis zur Verwendung im Kühlschrank aufbewahren.

- Den Mürbeteig aus der Form lösen, umgekehrt auf ein Backblech legen. Eine feine Schicht temperierter Kuvertüre darauf verteilen. An einem kühlen, trockenen Ort etwa 20 Minuten fest werden lassen.

- Den Mürbeteig wenden und entlang der vor dem Backen markierten Linien in Stücke schneiden. Auf jedes Stück einen Längsstreifen Karamell spritzen. Ein Kuchengitter über ein Backblech stellen. Die Mürbeteig-Karamell-Rechtecke mit etwas Abstand daraufsetzen. Temperierte Kuvertüre darübergießen, um die Riegel vollständig zu überziehen. Sanft gegen das Kuchengitter klopfen, damit überschüssige Schokolade abtropft. Die Riegel mit der Palette vorsichtig auf Backpapier setzen und an einem kühlen, trockenen Ort mindestens 3 Stunden ruhen lassen. Kühl und trocken gelagert sind die Riegel gut verpackt bis zu 1 Woche haltbar.

Milchbonbons

Vorbereitung: 25–30 Minuten
Kochzeit: 30–40 Minuten • Keine Ruhezeit
Ergibt 40 Bonbons

neutrales Pflanzenöl, zum Fetten
200 g Kristallzucker
120 g Glukosesirup
60 ml ungesüßte Kondensmilch
60 ml gesüßte Kondensmilch
15 g Butter
1 TL Maisstärke
1 TL Vanilleextrakt

AUSSTATTUNG:

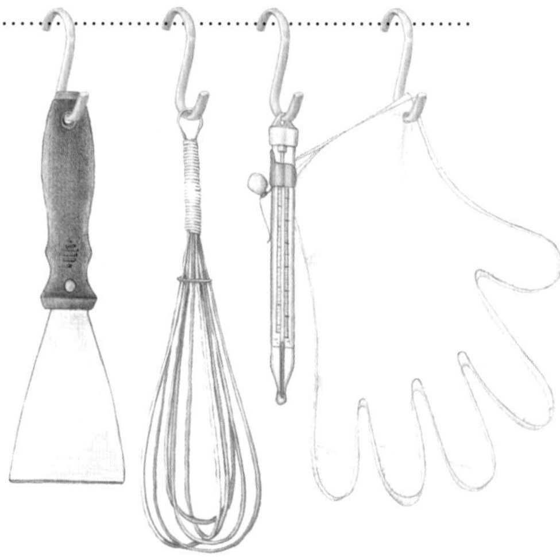

Esspapier,
zum Einwickeln der Bonbons

- Eine Marmorarbeitsfläche oder Silikonmatte und einen Metallspachtel leicht mit Öl fetten.

- Zucker, Glukosesirup, beide Sorten Kondensmilch, Butter und Maisstärke in einem Topf mit dickem Boden sanft erhitzen. Zunächst mit dem Schneebesen schlagen, damit keine Klümpchen entstehen, dann mit dem Holzkochlöffel umrühren, bis sich der Zucker vollständig aufgelöst hat. Das Zuckerthermometer in die Mischung stellen und alles bei mäßiger Hitze in etwa 25 Minuten auf 121 °C erhitzen und einkochen. Das Ganze sollte nun eine hellgoldene Farbe haben.

- Die heiße Mischung gleich vorsichtig auf die gefettete Arbeitsfläche gießen. Nun muss zügig gearbeitet werden: Die auseinanderlaufende Masse mit dem Spachtel über 5–8 Minuten immer wieder zur Mitte zusammenschieben, sodass sie abkühlt und andickt. Das Vanilleextrakt untermischen.

- Latexhandschuhe überziehen, wenn alles so weit abgekühlt ist, dass es mit den Händen bearbeitet werden kann. Die Handschuhe leicht fetten. Die Masse auseinanderziehen, zusammenfalten und leicht zusammendrücken. Wiederholen, bis das Ganze sehr zäh wird. Das dauert etwa 15 Minuten, sorgt für eine gleichmäßige Konsistenz und integriert Luft in der Masse. Sie sollte etwas heller werden und formbar bleiben.

- Alles in zwei Hälften teilen. Die Arbeitsfläche leicht mit Öl fetten. Beide Teile jeweils zu einer Rolle à 5 mm Durchmesser formen und diese in je 2,5 cm lange Stücke schneiden.

- Die Milchbonbons individuell in Esspapier wickeln und in Zellophan verpacken. In einem luftdicht verschlossenen Gefäß sind sie bis zu 1 Woche haltbar.

Register

H I J

K L M

N O P

Q R S

T U V

W Z

Dank

* Das Leben ist süß – lasst es uns genießen!

* Ich widme dieses Werk meiner Mutter Kathleen Muna und meinem Vater Othman, als Dank für die Liebe und Unterstützung, die sie mir während dieses Abenteuers gegeben haben.

* Meinen Schwestern Rosina, Jelita und meinen Brüdern Jaffery und Amin ein großes Dankeschön dafür, dass ihr mich ermutigt habt und für mich da gewesen seid.

* Bei Janet Reeve, Michaella Pentucci und Poppy Campbell möchte ich mich für ihre exzellente Arbeit während der Fotoshootings bedanken. Mädels, ihr wart einfach klasse!

* Ganz herzlich möchte ich mich auch bei Lisa Linder für ihre sensationellen Bilder bedanken, bei Catie Ziller und Kathy Steer für die bemerkenswerte redaktionelle Arbeit und bei Alice Chadwick für das Grafik-Konzept und ihre wunderbaren Illustrationen. Nicht zu vergessen das französische Team, an das ich ebenfalls ein großes Dankeschön schicke!

* Ich danke euch allen für die wunderbare Erfahrung, dieses Werk herausbringen zu dürfen!

DK | Penguin Random House

Für die englische Ausgabe:
Autorin Yasmin Othman
Projektleitung Catie Ziller
Projektbetreuung Kathy Steer
Gestaltung und Illustrationen Alice Chadwick
Fotos Lisa Linder

Für die französische Ausgabe:
Übersetzung Kristina Venot
Lektorat Anne Guerquin
Herstellung Frédéric Voisin

Für die deutsche Ausgabe:
Programmleitung Monika Schlitzer
Projektbetreuung Caren Hummel
Herstellungsleitung Dorothee Whittaker
Herstellungskoordination Katharina Dürmeier
Herstellung Kim Weghorn

Titel der französischen Originalausgabe:
Atelier Confiserie

Übersetzung Carla Gröppel-Wegener
Lektorat Sigrun Borstelmann

ISBN 978-3-8310-2775-0

Printed and bound in China

Besuchen Sie uns im Internet
www.dorlingkindersley.de